Liebe Leserinnen und Leser,

die 10. Vollversammlung des Ökumenischen Rates der Kirchen in Busan liegt hinter uns. Sie konnte in den täglich vor Ort produzierten Filmen *Madang live* im Internet verfolgt werden, blieb jedoch von den Massenmedien leider weithin unbeachtet. Sie war inhaltlich geprägt von wichtigen Themen wie dem Schwerpunkt des gerechten Friedens und den neuen Erklärungen zur Einheit und zur Mission sowie anderen Vorlagen, die in Busan diskutiert und angenommen wurden. Begleitet wurde sie von Protestdemonstrationen konservativer koreanischer Christen, die der ökumenischen Bewegung die Christlichkeit pauschal absprachen. Einen Bericht über Busan mit kritischer Würdigung wird es im nächsten Heft geben.

Thema dieses Heftes ist Performanz und damit ein Begriff, der aus der Kulturwissenschaft, genauer gesagt aus der Ritenforschung, der Kulturanthropologie, der Theater- und allgemein Medienwissenschaft stammt und von dort zunächst in der Praktischen Theologie rezipiert wurde. Schon seit Jahren wird Performanzforschung auch in den Horizont der Interkulturellen Theologie/Missionswissenschaft einbezogen, dies hat uns dazu angeregt, dieses Heft zu konzipieren, das noch mehr als bisher die inter- und transdisziplinäre Anlage einer zeitgemäßen Interkulturellen Theologie illustriert, sowohl im Sinne einer verstärkten Kommunikation der theologischen Fächer untereinander als auch im weiten kulturwissenschaftlichen Rahmen.

Die Grundsatzdiskussion darüber, wie eine mögliche Diskursverortung in diesem Zusammenhang aussehen kann, führt Moritz Fischer in seinem orientierenden Aufsatz und erläutert dies zugleich an Beispielen aus der Pfingstbewegung. Zur Einführung gibt Fischer Einblicke in die Geschichte der Theoriebildung um den Performanz-Begriff und weist auf den Bedeutungsüberschuss hin, den auf dem Hintergrund der Diskursentwicklung »Performanz« gegenüber dem englischen »Performance« hat. Semiotische Analyseinstrumente verhelfen dazu, Riten/Performanzen als Signifikanten zu verstehen und in den Zusammenhang von Magie und rituellen Beeinflussungsabsichten und -dynamiken zu stellen. Der Blick, der auch auf die Sprechakttheorie (John Austin) geworfen wird, führt direkt hinein in die Welt nicht nur der »handelnden Sprache« in einem seit den 1950er-Jahren bekannten Sinne, sondern auch in Vorstellungen von Heilungsprozessen mit magischer Dimension.

William Beeman geht dem Einfluss, den eine Performanz in Gestalt von Ritualen haben kann, nach anhand von drei ausgewählten Beispielen: dem japanischen Shinto-Ritual *Kagura*, das ein Drama der wichtigsten alten Shinto-Gottheiten wiedergibt, dem *Zār*, einem Heilungsritual, das in Ostafrika und am Persischen Golf zu finden ist, und religiösem epischem Theater in Gestalt von *ta'ziyeh* bzw. *shabihm*, das überall dort anzutreffen ist, wo schiitische Bevölkerungen zu finden sind, insbesondere im Iran. Beeman weist darauf hin, dass die Wirksamkeit der Performanz viel mit der Professionalität der Akteure zu tun hat, und möchte Linien in andere Bereiche wie Oper, Tanz, Musik ausziehen.

Thomas Klie unterstreicht den naturgemäßen Schwerpunkt der Performanzdiskursrezeption, so etwa der Sprechakttheorie, in den Feldern der Praktischen Theologie: Liturgie, Homiletik, Religionspädagogik, auch wenn diese Rezeption in einigen Disziplinen bereits seit längerer Zeit vollzogen worden sei. Sie ermögliche die Einbettung der jeweiligen christlichen/kirchlichen Wahrnehmungsfelder in allgemeine performative Deutungszusammenhänge auch außerhalb der theologischen. Klie spricht von einer »universalpragmatischen Perspektive«, die nun zum neuen Horizont werden konnte.

Christian Strecker setzt in seinem Beitrag vom Neuen Testament her zunächst bei der Sprechakttheorie an und geht von der Voraussetzung aus, dass den schriftlichen Zeugnissen des Neuen Testaments mündliche Performanzen zugrundeliegen. Die performative Kraft zentraler theologischer Elemente des NT (paulinische Botschaft vom Kreuz, Taufrituale und das Abendmahl) wird auf dem Hintergrund römischer kultureller Performanzen im Duktus der neuesten Forschung aufgewiesen.

Mit Albrecht Buschmanns Beitrag wird erneut der Kreis über die Theologie hinaus geöffnet hin zu einer Studie über ein Phänomen aus der *narcocultura* Mexikos und innerhalb derer der Verehrung des populären Heiligen *Jesús Malverde*, sowie über die Aufnahmerituale der *Maras*, salvadorianischer Jugendgangs, unter Berücksichtigung der Performativitätstheorie von Erika Fischer-Lichte und der Gewalttheorie von Jan Philipp Reemtsma.

Mit den Grundsatzüberlegungen sowie Fallstudien in diesem Heft möchten wir die Dimensionen verdeutlichen, die sich durch die Performanzforschung und ihre interdisziplinäre Orientierung auch für die Interkulturelle Theologie/Missionswissenschaft öffnen: der analytische Zugriff auf Feste, Liturgien, Heilungs-praktiken, Rezitationstraditionen, Gesang, religiöse Musik im christlichen und außerchristlichen Raum und neue Zugänge zur Geschichte, sozialen Einbettung und Absicht der performativen Akte.

Wie immer sei das Heft Ihrer interessierten Lektüre anempfohlen. Die Schrift-leitung grüßt herzlich aus Bern, Basel, Neuendettelsau, Rostock und Hamburg.

Ihr Ulrich Dehn

Die Schuld(en)frage – offene Rechnungen[1]

Dt 15,1–11

Sybille C. Fritsch-Oppermann

Es ist noch so viel offen, wie kann man da hoffen

Hoffnung beugt sich keiner menschlichen Logik. Hoffende sind Träumer, Spinner, Phantasten, Kinder, sehr junge Mädchen, sehr weise Männer, Knaben, Greisinnen, Ver-rückte, seitlich Abgeknickte. Hoffen ist eine große Kunst. Seiltanz über dem Abgrund aller uneingelösten Versprechen und aller unerfüllten Träume. Nichts, aber auch gar nichts hat die Hoffnung mit Sentimentalität zu schaffen. Hoffnung ist im besten Sinne des Wortes ziellos. Sie schweift umher, eine Wanderin zwischen den Welten. Sie will mehr als das: Sie ersehnt das große Dennoch, das Unwahrscheinliche, das der Lächerlichkeit Preisgegebene. In einer Welt wie der unseren taumelt sie immer wieder und immerzu haarscharf am Burnout vorbei. Manchmal taumelt sie hinein und beißt um sich und beißt ins Leere und beißt sich durch und beißt sich heraus. Hoffnung ist ein bissiger Straßenköter, wenn sie auf all die trifft, die ihre offenen Rechnungen partout nicht begleichen wollen. Hoffnung ist eine uralte uzende Eule, wenn es gilt, immer wieder gegen das allzu Offensichtliche Mut zuzusprechen. Sie kneift dann ein Auge zusammen oder beide und starrt durch die Nacht hindurch ein helleres Morgen herbei. Hoffnung geht es nicht um Strafe, um schwarz und weiß, nicht um rechthaberische Moral, um immer gültige Gesetze. Hoffnung weiß nur eins, ersehnt nur eins, will nur eins: diesen verrückten Glauben an einen gütigen Gott und ein gutes Ende, diese nicht totzukriegende Liebe zur Schönheit der Schöpfung.

---

[1] Meditationsandacht auf dem Deutschen Evangelischen Kirchentag in Hamburg 2013.

Offene Forderungen eintreiben, je eher desto besser

Na Ihr Lieben, Geliebte im Herren, dann lasst uns doch wirklich einmal alle die Ärmel hochkrempeln und die Hände schmutzig machen. Oder hatten wir etwa gemeint, die offenen Forderungen einzutreiben könnten wir anderen überlassen? Solche, die alles richtig machen, solche mit Hemdkragen, die auch am Werktag rein sind, solche mit weißen Westen, die sind verdächtig, immer verdächtig, etwas vorzutäuschen oder sich aus allem raushalten zu wollen. Wären wir schon da, eia, dann dürften wir alle im Frieden leben, dann müsste niemand sich um des Friedens willen irgendeines Krieges schuldig machen. Wären wir schon da, eia, dann herrschte Gerechtigkeit und die Schere zwischen unsinnsreich und verbotenarm wäre nicht mehr da, dann müsste niemand sich mehr mit dem realpolitisch Machbaren und positivem Rechtspragmatismus und unbefriedigender und anstrengender Situationsethik herumplagen. Wären wir schon da, eia, wo Wolf und Lamm beieinander wohnen, würden wir nicht mehr taumeln zwischen Ökofundamentalismus und Neoliberalismus. Dann müsste sich niemand dafür bejohlen lassen, dass er oder sie versucht, einen Mittelweg zu finden, einen gangbaren, jenseits schöner Worte und Parolen.

Offene Forderungen nämlich, lassen sich nur eintreiben, wenn wir der Welt einen ganz pragmatischen Weg heraus aus dem Dilemma bieten. Von Geschwätz allein werden sie nicht satt, ob es nun rot ist oder grün oder schwarz oder gelb. Wir wollen da doch lieber Gottes Regenbogen in den Wolken folgen und Archen bauen und, noch besser, Dämme gegen die großen Fluten.

Sand im Getriebe sein, Forderungen offen lassen

Das wünsche ich uns an diesem Abend des Friedens und der Versöhnung, dass wir alle, besonders wir Gläubigen der einen und der anderen Religion, wieder lernen, offene Worte zu sprechen. Haben wir nicht als solche die Narrenfreiheit, auch jenseits des Opportunismus und des Wähler- und Mitgliederfanges die Wahrheit zu sagen?
Haben wir nicht die Gottescourage, Sand im Getriebe zu sein, auch und gerade in den eigenen Reihen? Wer sollte denn den Verblendeten die Augen öffnen, wenn nicht Geschwister und Liebende und Freundinnen?

Das wünsche ich uns, dass wir lernen zu unterscheiden zwischen Forderungen, die einzutreiben sind um der Gerechtigkeit willen, und solchen, die im Namen des Friedens offen zu lassen sind. Sabbath halten, Schulden erlassen, damit die Welt und die Menschen und Tiere und Pflanzen auf ihr wieder zu Atem und Vernunft kommen. Nicht alles, was das Leben leichter macht, kann immer so weiter gehen. Manchmal muss ein schmerzhafter Schnitt sein, damit das Ganze wieder Sinn hat. Und Freude. Und Mut. Und alle wieder eine Zukunft haben.

Was ich längst abgeschrieben habe...

könnte dann umso mehr und gerade das sein, was mich herausfordert. Lasst uns doch mal sehen, wie weit unser Glaube, ja, und auch unsere Überzeugungen uns wirklich tragen. Mit Gleichgesinnten kann ja jeder. Aber wie, wenn wir es noch einmal oder sogar immer wieder mit den Feinden, den Fremden, den eigentlich von uns Abgeschriebenen versuchten? Geht doch gar nicht anders, Freunde, auch wenn's ungemütlich wird: diese Welt retten wir alle gemeinsam oder gar nicht. Gutmenschen stören bei dieser Langzeitaufgabe eher, will ich meinen. Genauso wie überzeugte Pessimisten. Gegen den Augenschein, gegen das Naheliegende, gegen das, was die Vernunft uns als erstes eingeben will sogar manchmal. Na dann mal los: jetzt ist der erste Tag eines neuen Lebens, wenn wir nur wollen, wenn wir uns nur unterstützen, wenn wir uns in unseren Verschiedenheiten nur gewähren lassen um des größeren Ganzen willen.

Welche Trauerwege einem größeren Morgen entgegenführen...

– sogar das gilt es mit einzubeziehen in unsere Pläne. Wenn Gott der liebe Gott wäre, hätten wir ihn doch schon längst am Wegrand vergessen, mal ehrlich. Ein lieber Gott hätte wohl nicht die Möglichkeiten, diesen wie besoffen durch Zeit und Raum torkelnden Planeten wieder auf die rechte Bahn zu bringen – mit unserer Hilfe versteht sich.

Am Kreuz können wir es doch spätestens verstehen lernen, dass dieser Gott unsere Vernunft und unsere Sprache immer wieder übersteigt, weil er unsere Ohnmacht teilt, sich zu eigen macht, weil er durch tiefste Tiefen uns mitnehmen will, dann wieder an die Oberfläche der Fluten, in denen wir zu ersaufen drohen. Einen solchen Gott kann man nicht kennen, nicht berechnen, nicht lieb nennen. Vielleicht können wir sogar doch noch tiefer fallen als in Gottes Hand. Aber dann gerade, in der Hölle, die Menschen den Menschen bereiten, wird Gott neben uns stolpern und strampeln und weinen und bedauern – und einem größeren Morgen entgegenführen.

Es ist noch so viel offen, das lässt hoffen

Begreifen wir doch einmal alles Offene, alles Unabgeschlossene, jenseits von Gut und Böse, als Chance. Gott ist noch nicht fertig mit uns. Und wir, so zeigen es mindestens immer wieder die Kirchentage, so kann man es aber auch, wenn man nur genau hinschaut, immer wieder auch im Kirchen- und Gemeindealltag und auch da, wo Menschen es vorziehen, säkular oder agnostisch zu denken, entdecken, sind noch lange nicht fertig mit Gott.

Vielleicht sind wir am Boden. Aber fertig sind wir noch lange nicht. Mit Gott nicht, mit der Welt nicht, mit der Hoffnung nicht. Solange wir nur Liebende bleiben und Sehnende. Und unsern Verstand anstrengen und einen Willen behalten. Um Gottes willen.
Amen

Segen

Geht nun heim, bewahrt den Traum.
Geht unter dem Schirm des Höchsten – bewahrt, behütet, bekehrt.
Geht vorwärts Gott entgegen, werdet einander und der ganzen Welt zum Segen.
Habt Acht auf die Schöpfung, die Schöne, die Missbrauchte.
Nehmt Gottes Segen mit auf den Weg.

Geht nun zurück in den Alltag, den Kirchenalltag.
Geht mit Löwenmut und der Sanftmut der Kinder, mit dem Langmut
des Glaubens.
Geht Schritt für Schritt Gottes Reich entgegen, versöhnt euch und andere und
bringt Zweiflern den Segen.
Singt laut und breitbeinig und freudetrunken den Frieden herbei.
Nehmt Gottes Segen mit unter das Kreuz.

Geht nun vorwärts in eine Zukunft ohne Schrecken.
Geht auf dem Weg der Gerechtigkeit, der Geschwisterlichkeit,
der Genügsamkeit.

Geht dem, was fremd ist, entgegen, seid ganz ihr selbst und lasst andere sein, teilt den Segen.

Teilt aus die Fülle, die Liebe, die Hoffnung, seid stärker als Tod, sehnt gutes Leben herbei für alle.

Nehmt Gottes Segen mit in die Welt.

Und ist ja doch kein anderer nicht, der für uns könnte streiten
Es segne uns und behüte uns Gott Vater aller Menschen.
Und werden unter einem Weinstock wohnen
Es segne uns und begleite uns Gottes Sohn, wahrer Mensch,
Bruder aller Menschen.
Und wohnt ein Sehnen tief in uns
Es segne uns und bewahre uns Gottes Geist – wie eine Mutter ihre Kinder.
Amen

»Performanz« als Strukturprinzip religiöser Transformationsprozesse

Zur Rezeption eines kulturtheoretischen Konzeptes im Rahmen der Interkulturellen Theologie

Moritz Fischer

1. Interkulturelle religiöse Transformationsprozesse als »Performanzen«

In den folgenden Erwägungen geht es um die Leistungsfähigkeit einer »Theorie der Performanz« für die Interkulturelle Theologie. Meine These ist, dass die analytische Untersuchung performativer Prozesse, Mechanismen und Dynamiken hilfreich sein kann, um Kräfte, welche die interne Veränderung von Religionen stimulieren sowie deren externe Selbstverbreitung herbeiführen, nachzuvollziehen. Damit kommt die transformative Wirkmacht religiöser Handlungen in den Blick, die wir als performative, sich herausbildende Kulturtechnik zu verstehen haben:

> »Emergent culture, though a basic element in human social life, has always lain outside the charter of folklore, perhaps in part for lack of a unified point of departure or frame of reference able to comprehend residual forms and items, contemporary practice, and emergent structures. *Performance* ... constitutes just such a point of departure, the nexus of tradition, practice, and emergence in verbal art. *Performance* may thus be the cornerstone of a new folkloristic, liberated from its backward-facing perspective and able to comprehend much more of the totality of human experience.«[1]

---

[1] Richard Bauman, Verbal Art as Performance, Rowley/Massachusetts 1977, 48 *(Hervorh. M. F.)*.

Der Begriff «Performanz» umgreift somit einerseits das zu *verallgemeinernde* Moment der *Konstituierung* eines Phänomens, das vor dem Hintergrund von Traditionen *dargestellt* wird. Anderseits induziert der Terminus »Performanz« das Moment der jeweils *konkreten Präsentation*, mittels deren *Herstellung*, ausgehend von aktuellen Fragen, Platz frei geräumt wird für zukünftige Entwicklungen. Darstellung und Herstellung von Performanzen, Rückblick und Vorblick verhalten sich dialektisch zueinander. Ähnlich der Vokabel *Resonanz*, welche die aktive Erzeugung von Schwingungen und den Widerhall, das passive Erklingen beschreiben kann, vereinigt *Performanz* in sich die Aspekte der *Darstellung* und der *Herstellung*, des *Präsentiertwerdens* und des *Produzierens*.[2] Bei der Frage nach der *Darstellung* nehmen wir die eher retrospektive *kirchengeschichtlich-historische* sowie die *konfessionskundlich-ökumenische* Perspektive ein, bei der Frage nach der aktiven *Herstellung* von Performanzen konzentrieren wir uns eher auf ihre *kulturwissenschaftlich-ritualistischen* sowie die *interkulturell-theologischen* Belange. Das deutsche Wort »Performanz« ist bedeutend vielschichtiger als das, was mit dem englischen »performance«-Begriff im Deutschen gemacht wurde, wo »performance« auf die vordergründigen Fragen bloßer »Inszenierung« abhebt. Ursprünglich wird »performance« im Englischen neben dieser eindimensionalen Verwendung auch vielschichtig, im oben beschriebenen dialektischen Sinne gebraucht. Maßgeblichen Anteil an der Entwicklung eines derartigen Performanz-Konzeptes hat die Wissenschaftsdisziplin der »Kulturanthropologie«. Sie geht u. a. auf die angloamerikanische *social anthropology* zurück, die dem, was wir im Deutschen unter »Ethnologie« verstehen, verwandt ist. Etymologisch stammen Performanz bzw. Performativität zwar aus dem Lateinischen, als kulturwissenschaftlicher Begriff leitet sich das Konzept aber aus dem Neuenglischen ab.[3] *Victor Turner* (1920–1983), britischer Sozialanthropologe

---

[2] Hiermit beziehe ich mich auf Überlegungen, die auf den Austausch mit Christian Strecker, Professor für Neues Testament in Neuendettelsau, zurückgehen (E-Mail vom 12.4.2007). Vgl. Christian Strecker, Performative Welten. Theoretische und analytische Erwägungen zur Bedeutung von Performanzen am Beispiel der Jesusforschung und der Exorzismen Jesu (unveröffentl. Habil.-Schr.), Neuendettelsau 2002.

[3] Etymologisch gesehen sind die eingedeutschten Begriffe *Performanz* (abgeleitet vom Partizip Präsens *performare*, als *Aktionsbegriff*, der einen engeren und konkreten Verständnisbezirk beschreibt) und *Performativität* (Abstraktionsbildung vom Lateinischen *performativitas*, der zur Beschreibung der *Verwirklichungsmöglichkeiten* von Performanzen dient) bzw. das Adjektiv *performativ* dem Neuenglischen entlehnt. Dort werden mit dem Verb *to perform* Tätigkeiten bezeichnet wie »aufführen«, »ausdrücken«, »ausführen«, »erlangen«, »eine Angelegenheit vollenden«, jemanden »mit einer Sache versehen«, etwas »vollbringen« oder »fördern«. Vgl. Friedrich Kluge, Etymologisches Wörterbuch der deutschen Sprache, Berlin 1999²³, 621.

und Kulturtheoretiker, brachte den Begriff mit seinen Untersuchungen zur *ritual performance* seit den 1950er-Jahren ein:

> »*Performance* stammt vom mittelenglischen *parfournen*, später *parfourmen*, das auf das altfranzösische *parfournir* – *par* (›gründlich‹) plus *fournir* (›ausstatten‹) zurückgeht. Deshalb hat *Performance* nicht unbedingt die strukturalistische Implikation der *Formgebung*, sondern eher den prozessualen Sinn von ›zur Vollendung bringen‹ oder ›ausführen.‹«[4]

Von diesem Grundwort *performance* wurde nun ein immer wieder verändertes Konzept abgeleitet, dem sich verschiedene kulturwissenschaftliche Fachbereiche wie die Linguistik, die Medien- und die Theaterwissenschaft, die Soziologie, die Ritualtheorie und schließlich auch die Theologie mit jeweils unterschiedlichem Interesse zuwandten und es für ihren Bedarf weiterentwickelten. Die Attraktivität des Konzeptes von Performanz und Performativität lässt sich daran erkennen, dass es den interdisziplinären Diskurs zwischen den genannten Wissenschaften stark befruchtet.[5]

Damit möchte ich diesen Performanz-Begriff nicht nur etwa im Rahmen einer interkulturellen Hermeneutik, »den Fremden zu verstehen«[6], verwenden, sondern dazu anleiten, »die religiöse *Praxis* der Anderen« in religionshistorischer und interkulturell-theologischer Hinsicht besser nachzuvollziehen. Die hier vorliegenden Beispiele stammen aus dem Christentum, die Theorie der Performanz ist aber auch auf jede andere Religion anwendbar. Die hier entfalteten Thesen basieren auf Forschungsergebnissen, die auf eigene Feldstudien zurückgehen: Dabei konzentriere ich mich auf den »Apostel« Aidini Abala (1926–1996) – den aus der Demokratischen Republik Kongo stammenden Gründer einer weltweit verbreiteten Pfingstkirche namens FEPACO-Nzambe-Malamu – sowie den international tätigen US-amerikanischen Heilungs- und Erweckungsprediger Tommy Lee Osborn (geb. 1923). Die Kooperationsfreudigkeit dieser beiden Akteure geht auf ihre Bereitschaft zurück, miteinander mittels Performanzen zu interagieren. Es kam, beginnend in den späten 1950er-Jahren, zu mehreren konkreten Kooperationen beider, die inzwischen nur noch punktuell und indirekt-diskursiv stattfinden. Osborn und Abala bzw. ihre Nachfolger bewegen sich auf dem Feld einer subversiv agierenden Missionsbewegung: Diese wird durch Frei-

---

[4] Victor Turner, Vom Ritual zum Theater. Der Ernst des menschlichen Spiels, Frankfurt a. M. 1989, 143.
[5] Vgl. u. a. die Website des interdisziplinären Sonderforschungsbereiches »Kulturen des Performativen« an der Freien Universität Berlin: http://www.sfb-performativ.de/seiten/text_gesa.html (15.7.2007).
[6] Vgl. Theo Sundermeier, Den Fremden verstehen. Eine praktische Hermeneutik, Göttingen 1996.

kirchen, Evangelikale und Pfingstler repräsentiert, die mit ihrer missionarischen Vorgehensweise neben den historischen Kirchen tätig sind.

2. Performanz als Mündlichkeit, Schriftlichkeit und Körperlichkeit

Für jede Art von kultureller Praxis gilt, dass sie transformativen Prozessen unterworfen ist und nicht ohne *Performanzen* auskommt. Uns interessieren hier Performanzen, die als *symbolisches Handeln im Zusammenhang von Religionen* stehen. Dieses symbolische Handeln steht in der fruchtbaren Spannung zwischen »Mündlichkeit«, »Schriftlichkeit« und »Körperlichkeit«. »Schriftlichkeit« fasse ich hier weiter und beziehe sie nicht nur auf Gedrucktes und mittels elektronischer Medien Gespeichertes, sondern auf sämtliches Traditionsgut, das seinen Niederschlag findet in heiligen Schriften, in Objekten und in kultischen Gegenständen, die mittels ihrer Bildsprache »kommunizieren«. Doch die alleinige dokumentarische *Hinterlegung* von Sinn genügt sich selbst nicht. Ziel solcher Chiffrierungen ist es nicht nur, Inhalte zu tradieren. Die an diesem Prozess beteiligten Akteure möchten im Vollzug der Tradierung von Symbolsystemen auch »Sinn« *vermitteln*, indem dieser durch eine je neue, aktuelle *mündliche* wie *transformative* Erschließung der Welt performativ *ermittelt* wird. »Leben« wird dann nicht mehr als zufällig oder willkürlich erfahren, wenn es gelingt, hinter dem etwa im kulturellen Gedächtnis oder durch Schriften Festgehaltenen auf das *Gemeinte* als den »Sinn von etwas« vorzustoßen. Der Sinn schriftlicher Zeugnisse, d. h. protokollierter, hinterlegter Rede, wird *de facto* dabei aber erst dadurch relevant, dass in der jeweiligen Sprechsituation aus einem Pool von Sinnmöglichkeiten eine Auswahl getroffen wird.[7] Joseph Roach stellt in Anlehnung an den Neologismus der »orature«, der von dem kenianischen Schriftsteller und Literaturtheoretiker Ngugi wa Thiong'o geprägt wurde, heraus, welche Bedeutung der »Mündlichkeit« in kultureller Hinsicht zukommt: *Orature* (vgl. »scripture«) ist die gesamte Bandbreite an kulturellen Formen. Diese wird bspw. mittels öffentlicher Rede, Gestik, Liedgut, Tanz, Geschichtenerzählen, Sprichworte,

---

[7] Vgl. zur Sinnphilosophie: Richard Schaeffler, Art.: Sinn, in: Handbuch philosophischer Grundbegriffe, Bd.5, München 1974, 1325–1342, hier: 1331f. Neben schriftlichen Dokumenten könnten hier auch die Verobjektivierungen von Religionen in ihrer Bildersprache oder ihrer Architektur herangezogen werden.

Bräuche, Riten und Rituale eingebracht.[8] Und damit kommt mit der *Körperlich-keit* ein Drittes neben der Mündlichkeit bzw. der Schriftlichkeit ins Spiel. Wir fragen danach, welche welt-schaffende und sinn-konstituierende Möglichkeit »Sprache« hat. In umgekehrter Richtung aber logikkonform verweist Judith Butler auf Dynamiken, mit welchen Worte »verwunden«.[9] Es geht um den ständig sich weiterentwickelnden genuinen Dialog, den *transformativen Kräfteaustausch* innerhalb einer Kultur und zwischen Kulturen. Dieser Austausch findet in erster Linie mündlich, in zweiter Linie schriftlich statt. Damit ist aber nicht gemeint, dass es sich um eine schematische Opposition zwischen den beiden handelte, die in ein Drittes aufgehoben würde. Vielmehr kommt hier die Überzeugung zur Geltung, dass mit der Schriftlichkeit und der Mündlichkeit unterschiedliche Modi sprachlicher Kommunikation interagieren, sich gegenseitig hervorrufen und so das erzeugen, was wir »Sprache« nennen. Als schriftlich oder mündlich *Gesagtes* verweist Sprache stets auf etwas Größeres, das hinter ihr steht: den *Sinn* oder das *Gemeinte*. Stellen wir die Frage nach dem Gemeinten, kommt in uns etwas in Bewegung. Diese Dynamik hat damit zu tun, dass alles schriftlich oder mündlich Gesagte über sich hinausweist. Es geht um das »Mehr« dessen, was sagbar ist. Nicht alles lässt sich in Worte fassen. Alltagsreaktionen auf diese Erkenntnis heißen: »Mehr als Worte *sagt* ein Lied!« oder »Lass Blumen *sprechen*!« oder »Lass Taten *sprechen*!« Performanzen sind nun aber eine über das bisher Gesagte hinausführende Möglichkeit, den Verweischarakter der Sprache zu nutzen. Mit ihnen lässt sich aus der »Not der Sprache«, die an die Grenzen des Sagbaren kommt, »eine Tugend machen«. Performative Aufführungen und Sprechakte knüpfen da an, wo etwas mit konstatierenden Feststellungen alleine nicht ausgesagt werden kann. So definiert John Austin das Adjektiv »performativ« im Zusammenhang seiner Sprechakt-Theorie: »A speech of this kind is called *performative* as opposed to the traditional idea of speech as assertion, which he called *constative*.«[10] Das Adjektiv «performativ« und das verwandte Substantiv «Performativität« beinhalten die qualitative Bestimmung eines Sachverhaltes, der im Zusammenhang von Sprechakten steht. So ist Sybille Krämers Hypothese zu begrüßen, die sagt: «Für die sprachphilosophische Reflexion (eröffnen) die Begriffe *Performanz* und *Performativität* eine methodische

---

[8]   Joseph Roach, Culture and Performance, in: Andrew Parker/Eve Kosofsky Sedgwick (Hg.), Performativity and Performance, London 1995, 45–63, hier: 45f.

[9]   Vgl. Judith Butler, Hass spricht. Zur Politik des Performativen, Frankfurt a. M. 2006, u. a. Klappentext.

[10] Vgl. Marvin Carlson, Performance. A critical introduction, New York/London 1996/2004, 222f.

Neuakzentuierung jenseits des protestantischen Gestus ..., durch welche Sprache als *verkörperte Sprache* Gestalt gewinnen kann ....«[11]

Mit dem Kunstwort »*differánce*« (»Differänz«) verweist Jacques Derrida darauf, dass hier zwei (im Französischen mit zwei Begriffen bezeichnete) Komponenten verbunden werden. Diese sind im traditionellen Wort *differénce* nicht beinhaltet und bedingen die Dynamik, das Fluide der Performanz: »différer« (aufschieben, verzeitlichen *und* nicht identisch sein, sondern anders sein) sowie »différend« (Krieg, Widerstreit, Konflikt). Für das Verständnis interkultureller religiöser Transformationsprozesse trägt dieser Begriff der *differánce* Wesentliches aus, da er auf die Vieldeutigkeit (Polysemie), welche rituell-kulturellem Handeln als performativem Handeln zugrunde liegt, abhebt: Einerseits weist der Begriff auf die Aktivität, wie sie in *différer* zum Ausdruck kommt, anderseits stammt das »a« unmittelbar vom Partizip Präsens her. Das soll in der Endung »-ance« verdeutlichen, dass es nicht um eine direkte, auf vorhersehbare Wirkungen ausgerichtete Aktivität geht, sondern um eine *mouvance* (Beweglichkeit) oder *résonance* (Resonanz), d. h. um eine gewisse Unentschiedenheit zwischen dem Aktiv und dem Passiv, um eine mediale Form, die eine Operation zum Ausdruck bringt, die keine Operation ist und in der bloßen Unterscheidung von Subjekt und Objekt nicht zu denken ist.[12] Mit Jacques Derridas Differenzphilosophie und dem Prozess, den er mit dem *significans* benennt, stoßen wir auf die sprachphilosophische Frage, wie es überhaupt zu performativen und somit transformativen Dynamiken kommt. Woher wird die Motivation gespeist, welche im *Rückblick auf vorausgesetzte religiöse Handlungen* das von Erstarrung bedrohte Leben wieder in den Fluss bringt (»verflüssigt«)? Bei Charismatikern und Pfingstlern etwa werden bestimmte Begabungen im heilsgeschichtlich bestimmten *Vorblick auf eine eschatologische Zukunft* als religiös konnotierte Bevollmächtigungen (»empowerment«) identifiziert. Das wiederum kann zu qualitativ neuen Einstellungen führen und in eine lebensverändernde Praxis hineinmünden. Wenn Pfingstler sich auf das »ursprünglich Gemeinte« beziehen, dann tun sie das im Blick auf »Jesus« und die biblischen Zeugnisse, die über das »Leben Jesu« und dessen Rezeption durch die ersten Christen berichten. Mit dem Auftrag, den Jesus erteilt, indem er sie aussendet in die Welt, um missionarisch aktiv zu sein,

---

[11] Sybille Krämer, Sprache – Stimme – Schrift: Sieben Thesen über Performativität als Medialität, in: Paragrana 7 (1998), 33–57, hier 41.
[12] Vgl. Jacques Derrida, Grammatologie, Frankfurt a. M. 1974, 422; und die Erläuterungen von Heinz Kimmerle, Jacques Derrida zur Einführung, Hamburg 2000, 83.

werden die räumliche, die zeitliche und die soziale Dimension in einen eindeutigen Zusammenhang gestellt. Mit der Sendung ist die Beauftragung induziert, zu predigen. Dieser Auftrag ist laut Jesus bzw. gemäß der pentekostalen Interpretation der Bibel (Mk. 16: 15–18) durch Pfingstler nur performativ einzulösen:

> ¹⁵ Und er sagte zu ihnen: Gehet hin in den ganzen Kosmos und verkündigt die Frohbotschaft der gesamten Schöpfung. (Mk. 13.10; Mt. 28.18–20)¹³
>
> ¹⁶ Wer gläubig geworden ist und getauft ist, wird gerettet werden; wer aber nicht gläubig geworden ist, der wird verurteilt werden. (Apg. 2.38; 16.31; 16.33)
>
> ¹⁷ Als Zeichen werden aber denen, die gläubig geworden sind, diese (Ereignisse) nachfolgen: in meinem Namen werden sie Dämonen austreiben, mit neuen Zungen reden (Apg. 16.18; 10.46; 19.6)
>
> ¹⁸ und mit den Händen werden sie Schlangen hochheben; und wenn sie etwas Tödliches trinken, wird es ihnen keinesfalls schaden; auf Kranke werden sie Hände auflegen, und diese werden genesen. (Lk. 10.19; Apg. 28.3–6; Jak. 5,14; 1.5–15)

Ein pfingsttheologischer Interpret dieser Perikope wird sich nicht damit begnügen, diese Worte als kodifiziert anzuerkennen und die Bibel wegzulegen. Diese Verse in Mk. 16: 9–20, der sogenannte »kanonische Markusschluss«, weisen performativ über sich hinaus. Nicht umsonst wurde dieser Abschnitt in der Theologie und der Hermeneutik der Pfingstbewegung zum Programm erhoben. Es konkretisiert, wie den hier genannten Mängeln des Lebens Abhilfe zu leisten ist. Und es hebt generalisierend darauf ab, wie derartige Bedürfnisse durch den christlichen Glauben gestillt werden können. Der potentielle Sinngehalt der Bibel, die ansonsten in ihrer Schriftlichkeit reduziert bliebe, ist mittels Mündlichkeit, d. h. der Predigt, zu der die Perikope Mk. 16 und andere biblische Aussagen explizit auffordern, *performativ zu entbergen*. Leben, das im Alltag häufig als begrenzt erfahren wird, wird entgrenzt. Etwaige oder bestehende Erfahrungen des Mangels, der Krankheit und der Gefährdung werden performativ abgefedert und in eine eschatologische Vorwärtsbewegung hineingelenkt. Diese soll in eine Zukunft führen, welche mit ihrer Hoffnung perspektivisch auf »die ganze Welt« (Kosmos) und »die gesamte Menschheit« (Schöpfung) bezogen wird (vgl. Mk. 16: 15).

---

¹³ Übersetzung: M. F. Im Kleindruck sind nach jedem Vers biblische Parallelstellen angegeben.

3. Performative transkontinentale Kreisläufe

Bei der Untersuchung interkultureller, interreligiöser und transformativer Prozesse, die im Weltmaßstab verlaufen, stoßen wir darauf, dass nicht nur zwei heterogene Sprachpraktiken und Dialekte im Sinne eines Dialoges aufeinandertreffen. Häufig handelt es sich um eine Mehrzahl von Sprachen und kulturellen Symbolsystemen, die in ein auf mehrfacher Wechselseitigkeit beruhendes Gespräch, einen »Polylog« treten. Um damit zusammenhängende Dynamiken zu beschreiben, gilt es, sich nicht alleine auf Lebensverhältnisse zu fixieren, die sich in *geographisch* abgrenzbaren Räumen beobachten lassen. In der Performativitätsforschung gilt *circum-Atlantic* als Begriff, um die kreislaufartigen Zusammenhänge zwischen den verschiedenen Kulturen zu beschreiben (Stichwort koloniales Handelsdreieck Europa – Afrika – Amerika/Karibik). Der Kulturwissenschaftler Paul Gilroy schlägt vor, in historischer und globalisierungskritischer Perspektive statt von der *transatlantischen Welt* von der *circum-Atlantic world* zu sprechen.[14] Als Übersetzung des Englischen »circum-Atlantic« in das Deutsche ist »zirkumatlantisch« möglich. Um Gilroys Anliegen aufzunehmen, ist es vielleicht sprachlich gewandter, von »transkontinentalen (performativen) Kreisläufen« zu sprechen, als mit einem Neologismus wie »zirkumatlantisch« zu operieren. Damit kommen auch Kulturen in den Blick, in denen traditionale philosophische Konzepte »voraufklärerischer« Art virulent sind und die manchmal mit dem Begriff des Denkens in numinosen oder magischen Kategorien affiziert werden. Jedenfalls ist es Common Sense, dass durch das Wechseln von Teilen der europäischen Zivilisation in den Westen über den Atlantik hin an die Ufer Nordamerikas ein transkultureller Paradigmenwechsel vollzogen wurde. Damit wurde Europa selbst auf die eine, Nordamerika auf eine andere und wieder auf eine dritte Weise die südliche Hemisphäre transformiert. Dass die Kulturen Afrikas südlich der Sahara und die beiden Amerikas sowie Europa dabei neue kulturelle, ökonomische und soziale »zirkumatlantische« Kreisläufe entwickelten, ist bekannt. Performative geokulturelle bzw. georeligiöse Grundstrukturen sind hier zu identifizieren.[15] Die hinter diesem kulturwissenschaftlichen Konzept stehende Perspektive auf die *circum-Atlantic-world* ist anwendbar auf die wechsel-

---

[14] Paul Gilroy, There Ain't No Black in the Union Jack: The Cultural Politics of Race and Nation, Chicago 1987.

[15] Vgl. Joseph Roach, Culture and Performance, in: Parker/Kosofsky Sedgwick (Hg.), Performativity and Performance, 45–63.

seitigen Verflechtungen, mit denen wir es bei der Pfingstbewegung in historischer und performativer Hinsicht zu tun haben.

4. Aidini Abala und Tommy Lee Osborn als performativ kooperierende Akteure

Maßgebliches Beispiel für uns ist das Christentum mit der weltweit verbreiteten Pfingstbewegung als einer seiner jüngeren Ausprägungen. Dabei haben wir es infolge ihrer rhizomatischen Ausbreitung weniger mit einer Kirche als mit einer vielgestaltigen, weltweit und interkulturell ausgeprägten Bewegung zu tun. Sie hat weltweit und regional verstreute Zentren an unterschiedlichen Orten, Knotenpunkten, an denen Fäden zusammenlaufen. Diese Verknüpfungen lassen sich auch historisch und theologisch verorten. Es sind hier beachtliche transkulturelle, transatlantische, transnationale, transsoziale Prozesse im Gange, die sich im Fall der Pfingstbewegung auf einen Zeitraum von gut 100 Jahren erstrecken. Hier identifiziere ich ein bestimmtes historisches Interaktionsgeflecht, das uns nun als Beispiel dient. Wir fragen zunächst danach, wie diese als Netzwerk strukturierte Kirche aus der Innenperspektive ihres afrikanischen, aus dem Kongo stammenden Kirchengründers performativ konstruiert wird. Er wirkte zwischen 1957 und 1997 als »Apostel« und heißt Alexandre Aidini Abala (1927–1997). Er selbst rekurriert mit dem Zitat von Hebr. 13: 8 auf eine Belegstelle, die nicht nur ihm als hermeneutischer performativer Schlüssel zu pfingstlicher Theologie dient: »Jesus ist Retter – gestern, heute, für alle Zeiten.« Die »Zeichen und Wunder Jesu« setzten sich in die Urgemeinde hinein fort. Darüber hinaus wird über die Zeiten hinweg ein performativer interaktiver Bezug zur gegenwärtigen Gemeinde hergestellt. Das Selbstverständnis Aidini Abalas und seiner Gemeinden interpretiere ich im Sinne des »cultural turn«, an dem sie subtil beteiligt sind.

Wir wenden uns aber nicht nur ihm als Kirchengründer zu, sondern auch der ekklesiogenen Bewegung FEPACO-Nzambe-Malamu, die er begründete. Die performative Funktion des Kollektivs der Gemeindeglieder kann ich hier nur streifen. Dabei stütze ich mich auf den Performanztheoretiker Joseph Roach, der auf die Interdependenz zwischen *Performanz* und *kollektivem Gedächtnis* verweist. Er tut das vor dem Hintergrund, dass mit Performanzen nicht nur kürzere, sondern viel längere Zeiträume zu »überbrücken« sind. Ebenso werden größere soziale Zusammenhänge geschaffen. Das Christentum, dem Aidini Abala als Kind begegnete, erreichte ihn in einem größeren Kontext. Er identifizierte es als

Fremdreligion, die für ihn eine soziopolitische *Grenzüberschreitung* seitens weißer Missionare darstellt. Wie er selbst bezeugt, sah er diese Eindringlinge bald sehr kritisch an. Nachdem er ihnen inhaltlich die Praxis theologischer Irrlehre nachweist, ist für ihn das Christentum ein westlicher, obsolet gewordener Exportartikel, der Afrikanern eine als Wahrheit getarnte Lüge aufnötigen möchte. Zehn Jahre später wird er von dem nordamerikanischen Heilungs- und Erweckungsprediger Tommy Lee Osborn (geb. 1923) und dessen Missionswerk überzeugt. Mit seiner öffentlichen, rituellen und performativen Predigt- und Heilungspraxis führte er Menschen, u. a. indem er sie zu Trancen animierte, zur Erfahrung der *Entgrenzung*. Es kam dazu, dass sie ganzheitliche, Körper, Geist und Seele umfassende Heilungen erfahren.

Osborns Programm lässt sich folgendermaßen umreißen: Es geht darum, das Christentum, das für andere Kulturen fremd ist, heimisch zu machen. Er machte sich dazu die traditionale Kosmologie der Kulturen des Südens zueigen. Er nimmt diese als Folie, die er hinter die Bildsprache der Bibel legt und mit dieser zusammen liest. Weiterhin macht er die Erfahrung vieler Menschen in der südlichen Hemisphäre fruchtbar, dass ihr Leben häufig extremen und schwer zu beeinflussenden Verhältnissen ausgeliefert ist. Wenn ich mich in diesem Zusammenhang auf »afrikanische« traditionale Kultur beschränke und diese als solche benenne, dann geschieht das keinesfalls in essentialisierender Weise. Es geht darum, eine regionale, zeitliche und soziale Wirklichkeit in den Blick zu nehmen, die einerseits abgrenzbar ist. Anderseits hat aber von ihr zu gelten, dass sie offen, prozesshaft und fluiden Dynamiken unterworfen ist. Wenn Theo Sundermeier auf das anthropologische Selbstverständnis von Afrikanern eingeht, dann tut er das in diesem Sinne: »Für Afrikaner ist Leben vieldeutig und unbestimmt auf allen Ebenen, einschließlich Segen, Ehre usw., bis er eins wird mit seinen Ahnen in der großen Schar der unbegrenzten Stabilität der Existenz.«[16] Die Ambivalenz liegt in der Möglichkeit begründet, dass die einen diese Kräfte der Welt vermeintlich zum Selbstschutz gebrauchen, was andere als Missbrauch ansehen bzw. als Verwendung, die sich gegen einen selbst richtet.

T. L. Osborn gelingt hier die transkulturelle Grenzüberschreitung. Seine erste große Heilungsevangelisation im Jahre 1957 ist der Brückenkopf für das Ein- und Vordringen pfingstkirchlicher missionarischer Aktivitäten nach Ostafrika.

---

[16] Theo Sundermeier, Nur gemeinsam können wir leben. Das Menschenbild schwarzafrikanischer Religionen, Gütersloh 1988/1997, 30ff. Zitat von Judah Bernard Matata Kivowele, durch Sundermeier entnommen aus: Heribert Bettschneider (Hg.), Das Problem einer afrikanischen Theologie, St. Augustin 1978, 89.

Zeitlich befinden wir uns am Ende der Kolonialzeit und mitten in den Kämpfen um die politische Unabhängigkeit in ganz Afrika. Osborn gelingt es, seinen Umgang mit dem kulturellen, performativen Symbolsystem der Kulturen des Südens zu perfektionieren. Seine dabei (post)modern anmutende interkulturelle Praxis könnte man als hybride ansehen: Es werden religiöse Symbole, die von unterschiedlichen traditionalen Kulturen stammen, mit der Sprachwelt der Bibel in einen dialogischen, ja polylogischen Zusammenhang gebracht. Es geht nicht um einen »Rückfall« hinter die Aufklärung, etwa durch die magische Identifikation zwischen Tiefen- und Oberflächenstruktur, zwischen Repräsentierendem mit Repräsentiertem oder zwischen Abbild und Bild. So ein künstliches Vorgehen ließe sich in seiner Durchschaubarkeit kaum durchhalten. Vielmehr werden die vorhandenen Bedürfnisse der Menschen aufgenommen: Es handelt sich um die Sehnsüchte nach Heil und Heilung, nach Leben in Fülle, nach Frieden, nach sozialer Integrität, nach Erfolg und ökonomischer Unabhängigkeit. Es kommt bei den Heilungsgottesdiensten Osborns zu Performanzen, die zu Entgrenzung und zu Embodiment in sprachlicher, ethnischer und sozialer Hinsicht führen. Dabei macht Osborn sich auch die kulturelle Bedeutung zunutze, welche liminale Statusübergänge in Afrika haben. T. L. Osborn, der charismatische Pfingstler, ist dabei ein Brückenbauer zwischen den Kulturen. Er überzeugt Aidini Abala durch seine »performative Argumentation«, welche seiner Predigt des Evangeliums zugrunde liegt. Diese erweist sich für den skeptischen Kongolesen Aidini Abala als so hieb- und stichfest, dass er sich als Osborns Schüler ansieht. Er nimmt dessen Stil mit großem Erfolg zum Modell seiner evangelistischen Tätigkeit. Wichtiger als die persönliche Beziehung, die sich zwischen den beiden nur ansatzweise entwickeln soll, ist aber der gelungene performative Akt. Wenn kurz Ninian Smart mit seiner Performanztheorie als Religionswissenschaftler zu Wort kommt, dann nicht, weil er sie als Magie identifiziert, sondern weil er die Bedeutung, die persönliche Beziehungen bei Performanzen haben, relativiert: »Magic as *formulaic performative procedures* undertaken in order directly to influence the world. It represents an impersonalization of *performatives* to change the world, not through personal relations, but through manipulations.«[17] Die Betonung liegt darauf, dass die Welt mittels performativer Akte beeinflusst werden soll.

---

[17] Ninian Smart, Dimensions of the Sacred. An Anatomy of the World's Beliefs, Los Angeles 1996, 36.

Osborn erkannte in diesem Zusammenhang, welche »Macht« das *gespro-chene* Wort im traditionalen Afrika haben kann und wie es einzusetzen ist, um Veränderungen herbeizuführen: Dort, wo »jede Verwandlung, jedes Zeugen und Erzeugen, alle Wirkung des Menschen, alle Bewegung in der Natur auf dem Wort beruht, auf der zeugenden Kraft des Wortes. ... Die Dinge haben von sich aus keine Aktivität ... Die Einwirkung geschieht durch ›Nommo‹, die Lebens-kraft, die alles Leben bewirkt, und zwar in der Gestalt des Wortes. ... Der Wahr-sager sagt, wo das Wort herkam, das Unheil bewirkte, der Medizinmann weiß das Gegen-Wort, das stärker ist und das die Krankheit abzuwenden vermag«.[18] »Das Wort ist eine Kraft. Wenn es ausgesprochen wird, hat es Folgen; es wirkt und es ist verbindlich; es verpflichtet den Menschen und der Mensch ist für sein Wort verantwortlich.«[19] Osborn löst offenbar mit seinem thaumaturgischen Sprachhandeln »im Namen Jesu« die biblischen Verheißungen für die Perfor-manden ein. Die damit einhergehende politische wie soziale *Grenzüberschrei-tung*, die er und andere weiße Prediger vornehmen, wird angesichts rituell her-beigeführter performativer *Entgrenzung* toleriert und nicht weiter problemati-siert. Im Falle christlich-pfingstlicher Heilungsperformanzen kommt den per-sönlichen Beziehungen und Kooperationen hoher Stellenwert zu. Sie werden al-lerdings dem manipulativen Aspekt untergeordnet. Viele solcher Beziehungen lassen sich in ihrem Zusammenhang als Geflecht von Beziehungen verorten. Die Einbindung in ein Netzwerk erleichtert es, in Distanz zur traditionalen Religion zu gehen. Anderseits wird an deren primärkulturelles Symbolsystem angeknüpft, wie in der »Dämonologie«.

5. Das performative Forum der Öffentlichkeit

Es ist nicht erstaunlich, dass evangelistische Großveranstaltungen möglichst in der Öffentlichkeit stattfinden. Häufig sind nahezu alle sozialen, kulturellen und religiösen Schichten und Altersgruppen dort repräsentiert. Der Sozialanthropo-loge Dwight Conquergood: »Through cultural performances many people both construct and participate in ›public‹ life. Particularly for poor and marginalized people denied access to middle-class ›public‹ forums, *cultural performances* be-

---

[18] Christian Reisach, Das Wort und seine Macht in Afrika. Probleme der Kommunikation und Information für die Verkündigung, Münsterschwarzach 1981, 63ff., in: Janheinz Jahn, Muntu. Umrisse der neoafri-kanischen Kultur, Düsseldorf 1958, 128ff.
[19] Reisach, Das Wort, 64.

come the venue for ›public discussion‹ or virtual issues central to their communities, as well as an arena for gaining visibility and staging their identity. Nancy Fraser's concept of *subaltern counterpublics* is very useful: ›… arenas where members of subordinated social groups invent and circulate counterdiscourses, which in turn permit them to formulate oppositional interpretations of their identities, interests, and needs‹[20].«[21]

Im landläufigen Sinne sind die Ungläubigen, die Nichtchristen oder die Kranken und Bedürftigen die Adressaten. Es ist ähnlich wie bei einer Hochzeitszeremonie, wo das Brautpaar und die Trauzeugen scheinbar alleine angeredet werden und antworten. Im strengen Sinne geht es aber nicht nur um diese unmittelbar Anwesenden und Angesprochenen. Vielmehr ist das performative Forum der »Öffentlichkeit« angesprochen.[22] Seine Resonanz ist wichtig. Durch den öffentlichen Widerhall wird zum Ausdruck gebracht, dass im Abschluss an die performative Praxis der missionarischen Großveranstaltung die Konstituierung einer Kirche erwünscht ist und Fakten geschaffen werden sollen. Dabei gilt, dass es kein reziprokes Verhältnis von Sprecher und Hörer gibt. »Vielmehr muss ein Macht- und Autoritätsgefälle vorhanden sein, damit ritualisierte Sprechakte überhaupt ihre weltverändernde Kraft entfalten können … Die Kräfteverhältnisse, auf die es hier ankommt, stehen dabei nicht in der Gewalt eines einzelnen Subjektes, sondern bilden einen Nexus wiederholten Handelns, durch den sich kulturelle Handlungen etablieren.«[23] Die Vorstellung eines göttlichen Willens, der Einzelne angeht, wird durch das performativ gepredigte Bibelwort erzeugt. Dieser soll diejenigen bewegen, die sich als marginalisiert erleben. Er macht sie zu Subjekten und ermächtigt sie dazu, ihre Charismen selbst zu entdecken und zu praktizieren.

[20] Zitat im Zitat von: Nancy Fraser, Rethinking the public sphere: A contribution to the critique of actual existing democracy, in: Social text 25/26 (1990), 56–80, hier: 67.
[21] Dwight Conquergood, Rethinking Ethnography. Towards a Critical Cultural politics, in: Communication monographs 58 (1991), 179–194, 189.
[22] »Die ursprünglichen Performativa gehören nicht der persönlichen Rede an: Hierin wurzelt deren ›Aufführungscharakter‹, insofern diese Sprechakte nicht einfach an Hörer, sondern an Zuhörer gerichtet sind, deren *Widerhall* vielleicht noch im Trauzeugen (M. F.: oder im Teilnehmer der Power-Evangelisation) zu finden ist«; Krämer, Sprache, 41.
[23] Krämer, Sprache, 41.

6. Der »Flow«, die »Globalisierung von unten« und die »Communitas«

Der *Flow* spielt bei allen performativen Riten eine Rolle. Mihaly Csikszentmihalyi, ein Vertreter der Ritualforschung, prägte diesen Begriff. Dem Flow kommt eine besondere transformative Funktion zu. Der Performand, der an einem performativen Ritual mit transkultureller Qualität teilnimmt, überwindet mittels des Flow die sogenannte dualistische Perspektive. Auf der einen Seite imaginiert er dazu die Rolle des Kranken, zu Heilenden. Auf der anderen Seite übernimmt er die Rolle desjenigen, der im Namen Jesu, des auferstandenen Heilers, geheilt wird. Damit imaginiert sich der Performand in seiner ambivalenten Rolle zwischen den Zuständen von Krankheit und geheiltsein selbst. Csikszentmihalyi betont: Als »vielleicht deutlichstes Anzeichen von flow ist das Verschmelzen von Handlung und Bewusstsein«[24] zu nennen. Ein Mensch im Flow-Erlebnis hat keine dualistische Perspektive. Er ist sich zwar seiner Handlung bewusst, nicht aber seiner selbst. Wenn sich Ulrich Beck seitens der Soziologie um den dem Flow vergleichbaren Begriff des »Fluiden« (»Liquiden«) bemüht, verbindet er das Konzept des »Flow« mit der Frage nach der »Kosmopolitisierung« der Welt. Er justiert seinen soziopolitischen Blick auf den Prozess der Globalisierung und betont: »Da die Metapher des ›Stromes‹ und des ›Fließens‹ so eingängig ist, ergibt sich die Frage, ob ›Ströme‹ (oder ›Netzwerke‹ …) … unabhängig von nationalen, transnationalen und politisch-ökonomischen Strukturen sein können … Manchmal wird Transnationalismus begrenzt auf *Kosmopolitisierung von unten*, auf Aktivitäten von Migranten, soziale Bewegungen und Gruppen, die Netzwerke und Lebensformen über Grenzen hinweg aufbauen und mit Leben füllen.«[25] Bei FEPACO-Nzambe-Malamu als einem Teilnetzwerk der weltweiten Pfingstbewegung kann man von »Kosmopolitisierung« oder »Globalisierung von unten« sprechen.[26]

---

[24] Mihaly Csikszentmihalyi, Das flow-Erlebnis. Jenseits von Angst und Langeweile: im Tun aufgehen, Stuttgart 1987, 61 (sprich: ›Tschik-sent-mi-hayi‹).

[25] Ulrich Beck, Der kosmopolitische Blick oder: Krieg ist Frieden, Frankfurt a. M. 2004, 124 (Hervorh. M. F.).

[26] Im Gegensatz zur bisher vorherrschenden Tendenz, die Ausbreitung der Pfingstbewegung als »von oben her«, rein von westlichen Instanzen aus gesteuert anzusehen, gibt es auch die faktenreiche Gegentheorie, dass ihr Erfolg ohne die indigene Eigenleistung der Kulturen des Südens nicht zustande gekommen wäre. In dieser Debatte ist es daher lohnend, neue Anregungen aus Asien und Afrika aufzunehmen und weiterzuentwickeln: So hat der indische Kulturwissenschaftler Arjun Appadurai das Thema eingebracht unter dem Titel »*Grassroot Globalization* and the Research Imagination«, in: Globalization/Volume 2, Durham 2000, 1–19. Dort arbeitet Appadurai besonders den *Flow* heraus, welcher der ›Globalisierung

Seitens der Kulturanthropologie verdeutlicht Victor Turner, dass solche »Bewegungen von unten« als *Communitas*, d. h. als sogenanntes »wesenhaftes Wir«, zu verstehen sind. Mit *Communitas* beschreibt er – stets zeitlich befristete – »Gemeinschaften Gleichgesinnter«. Diese sind dort zu finden, wo es keine Sozialstruktur gibt oder bestehende Sozialstrukturen »gesprengt« werden. Die Eigenschaften der *Communitas* sind Liminalität, Marginalität und Inferiorität. Ohne diese »Dialektik von Anti-Struktur und Struktur, von Communitas und Sozialstruktur kann … keine Gesellschaft auskommen. Sie birgt somit die potentielle Möglichkeit zur Veränderung und Neuerung in sich«.[27] Wenn sich Turner auf die Kategorie des *Flow*-Erlebnisses beruft, dann weil er bei Schwellen- und Umwandlungsriten die Krise und die *Bewältigung* der Krise als nahe beieinanderliegend erkennt.

7. Die performative Bedeutung von Liminalität und das »soziale Drama«

Ein weiteres Verdienst Victor Turners ist es, dass er Arnold van Genneps Konzept der Übergangsriten (1909) von traditionalen, verwandtschaftlich organisierten Gesellschaften auf Gesellschaften mit zunehmender Spezialisierung und Komplexität bzw. sozialem Wandel überträgt. Dabei stellt Turner die mittlere der drei rituellen Phasen bzw. Einzelriten aus van Genneps Systematik (1. Trennungsriten/2. Schwellen- bzw. Umwandlungsriten/3. Angliederungsriten) heraus. Er gliedert van Genneps mittleren Abschnitt des Ritus in zwei Einzelphasen und differenziert bei den Schwellen- und Umwandlungsriten die Einzelphasen der *Krise* (2.a) und der *Bewältigung* (2.b). Beide Komponenten dieser zweiten Phase werden als zwischen der besagten ersten und der dritten Phase liegend diagnostiziert, d. h. sie werden zwischen dem Bruch (Trennung) und der Reintegration (Anerkennung durch Angliederung) virulent. Turner erkennt dabei das *soziale Drama* als den »latenten Bestandteil der ästhetischen Darstellungsform des Bühnendramas« wieder. Der Kulturanthropologe diagnostiziert dieses per-

von unten‹ eigen ist, und knüpft an V. Turners Theorien an (a. a. O. 5f.). Vgl. Appadurais Monographie: Modernity at Large – Cultural Dimensions of Globalization, Minneapolis 1996, wo er betont: »From the perspective advanced here globalisation itself is a deeply historical, uneven, and even *localizing* process«, hier: 17. Der ghanaische Theologe Kwame Bediako spricht ebenfalls dezidiert von ›Globalisierung von unten‹ (»globalisation ›from below‹«) in: Ders., Africa and Christianity on the Threshold of the Third Millennium: the Religious Dimension, in: African Affairs 99 (2000), 303–323, hier: 314.

[27] Rolf Gehlen, Art.: Liminalität, in: Handbuch religionswissenschaftlicher Grundbegriffe (HrwG IV), 60.

formativ ritualisierte, soziale Drama als die wesentliche soziokulturelle Innovation, welche das gesamte »Drama des Lebens« mitbestimmt. Ferner versteht er die beiden mittleren rituellen *liminalen* Phasen der *Krise* und ihrer Bewältigung (2.a und 2.b) als *transformative Kulturtechnik*. Mit ihren individuell wie kollektiv nachweisbaren soziokulturellen Strategien seien sie tief im menschlichen Bedürfnis verwurzelt. Die dabei hervorgerufenen Dynamiken helfen, Statusübergänge zu bewältigen und zu steuern. Stets spielten Machtverlust auf der einen und Machtzuwachs auf der anderen Seite eine Rolle.

Turner ist hier im Großen und Ganzen recht zu geben: Alleine die performative *Erzählung* eines biblischen Wunderberichtes evoziert nicht nur bei den Zuhörern einer pfingstkirchlichen Erweckungsveranstaltung eine innere *Dynamik*, die weg vom *Mangel* und hin zu dessen *Überwindung* gerichtet ist.[28] Zu der transferiellen Kraft von Ritualen kommt es dadurch, dass sie sich meist auf liminoide, von dem Erleben existentiellen Mangels bestimmte Verhältnisse beziehen. Es sind Menschen oder soziale Gruppen, die sich infolge ihres (geringen) Alters, sozialer oder geschlechtlicher Unterprivilegiertheit oder wegen anderweitiger ethnischer oder ökonomischer Ausgrenzung als Marginalisierte erleben. Sie werden im Zusammenhang von Ritualen zu Subjekten, die sich performativ äußern und Transformationsprozesse durchleben. Umgekehrt transformieren sie ihrerseits diese Rituale, indem sie einem vorgegebenen und übernommenen rituellen *Script* in neuen Kontexten auch neue, veränderte Bedeutung geben können. Christlicher Glaube wird so generell als »interkulturell geprägter Glaube« identifizierbar. Dabei bezieht man sich auf das vorausliegende und eschatologisch ausstehende »Gemeinte«, dessen Anziehungskraft die Gläubigen unterliegen. Letztere trägt dazu bei, das »Gemeinte« als performatives »Gesagtes« im jeweiligen Kontext zur Darstellung zu bringen.

8. Drei Dimensionen und zehn Strukturmerkmale religiöser Performanz

Abschließend fragen wir nach allgemeinen Prinzipien religiöser Transformationsprozesse. Der Begriff »Performanz« umgreift dabei einerseits das *konkretisierende* Moment der *Konstituierung* eines religiösen Phänomens. Anderseits verweist er auf das Moment der *verallgemeinernden Präsentation*, das ihr durch

---

[28] Werner Kahl, Miracle Stories in their Religious-Historical Setting, Göttingen 1994, 45f.

eine Darstellung, welche im Nachhinein erfolgt, zueigen ist. Das Konzept der *Performanz* im Zusammenhang der Interkulturellen Theologie vereint in sich die Aspekte der *Herstellung* und der *Darstellung*, des *Produzierens* und des *Präsentiertwerdens*. Hinsichtlich der Pfingstbewegung orientierte ich mich am Beispiel der Kirche Nzambe-Malamu. Dazu wurden Phänomene wie Sprache, Zeichen, Texte, Glaubenskonzepte und Bedeutungen in ihren drei *performativen Dimensionen* analysiert: 1. in der *historisch-zeitlichen* (vgl. die hermeneutische Interpretation von Hebr. 13: 8), 2. in der *geographisch-räumlichen* (vgl. die transkontinentalen Kreisläufe bei Nzambe-Malamu) und 3. in der *kulturell-sozialen* (vgl. die Interkulturalität der Pfingstbewegung) Dimension.

Damit lassen sich *performative Strukturmerkmale* herausfiltern, die sich für religiöse Transformationsprozesse anderer Religionen verallgemeinern ließen: 1. Die Sprachlichkeit in ihrer Dialektik zwischen Gemeintem und Gesagtem. 2. Das Gesagte in seinen Ausprägungen, angefangen von der Mündlichkeit über die Schriftlichkeit bis hin zur Körperlichkeit. 3. Die Resonanz auf traditionale Kosmologien. 4. Die kreislaufartigen Zusammenhänge zwischen mehreren Kulturen bzw. Regionen. 5. Die Öffentlichkeit. 6. Der »Flow«. 7. Die Liminalität. 8. Die antistrukturelle »Communitas« und schließlich 9. Die »Globalisierung von unten«, welche sich 10. interdependent zu einer etwaigen »Machtvermittlung von oben« verhält. Mit dieser Aufzählung erhebe ich keinen Anspruch auf Vollständigkeit – es gibt sicherlich noch andere Strukturmerkmale. Ferner passt nicht jedes Strukturmerkmal als automatischer Code zur Erschließung jeder Performanz: Nicht jedes Ritual oder jede rituelle Performanz etwa hat »liminalen« Charakter. Aber stets geht es um die Beseitigung eines Mangels oder um die Erfüllung eines Begehrens, welche es mittels religiöser Transformationen zu bewerkstelligen gilt.[29] Es ist zu hoffen, dass die im Rahmen der Interkulturellen Theologie vorzunehmende differenzierte Analyse der kulturtechnischen *Herstellung* und *Darstellung*, des *Produzierens* und des *Präsentiertwerdens* von Performanzen dazu beiträgt, die *Selbstbeschreibungen* kultureller Symbolsysteme in den Religionen besser zu verstehen.

(PD Dr. Moritz Fischer ist tätig bei Mission EineWelt in Neuendettelsau)

---

[29] Statt von »Mangel« spricht Gayatri Chakravorty Spivak im Gefolge von Marx und gegen Deleuze und Guattari von *Begehren*, in: Dies., Can the Subaltern Speak? Postkolonialität und subalterne Artikulation, Wien 2008, 17–118, hier: 19, 24.

ABSTRACT

The concept of »performance«, with its origin in the cultural studies, is explicated concerning »Intercultural Theology«. Certain mechanisms and dynamics which are responsible for the self-spread of religions are investigated in general and exemplified by Pentecostal Christianity. The power of transformative religious acts depends on the successful practice of performative cultural techniques like: 1. Speech-Acts (John Austin) in its dialectics between »meaning« and »saying«. 2. Tensions between oral, written and embodied language. 3. Resonance on traditional cosmologies. 4. Circular correspondence between several cultures resp. regions. 5. Publicity. 6. »Flow«. 7. Liminality. 8. Anti-Structure of »Communitas«. 9. »Globalization from below« in its interdependence to 10. »Power spread from above«. Differentiated analysis of *creation* and *activation*, of *production* and *presentation* of performances should be a contribution to the understanding of *self-descriptions* of cultural systems of symbols in religions.

Religion and Ritual Performance

William O. Beeman

Introduction

Performance forms and ritual have undoubtedly been linked in human culture since primordial times. The first »theatrical« performances have been speculated to have either originated in early agricultural practices of fertility renewal, or with shamanistic practices involving magic and healing, or both.[1]

In the modern study of religion by social scientists, such as Emile Durkheim[2] and Max Weber[3], we see a largely accepted view that the structure and shape of any given religion and its practice will mirror the overall structures and ideologies of the societies that engender it. In general:

- All religions embody a world view.
- All religions reinforce the world view of the societies that embrace them.
- Established religions may be put to different uses in different societies (Christianity, Judaism and Islam are different in the different communities in which they exist.).

I will return to these points below.

Performance and Religious Ritual

Additionally, all religious ritual is seen as having a performative component. I have defined performance in other publications[4] as having the following characteristics:

---

[1] E. T. Kirby, Ur-Drama: The Origins of Theatre, New York (1975) 1990, 164; Inge Nielsen, Cultic Theatres and Ritual Drama: A Study in Regional Development and Religious Interchange between East and West in Antiquity, Vol. 4, Aarhus 2002, 395.

[2] Emile Durkheim, The Elementary Forms of the Religious Life, London 1976[2], 456.

[3] Max Weber, The Protestant Ethic and the Spirit of Capitalism, Los Angeles 2002[3], 266.

- Performance is purposeful enactment or display behavior carried out in front of an audience.
- Performance aims to change the cognitive state of participants.
- Some performers are more effective in this than others.
- Performance is collaborative behavior.
- Performance is iterative, ongoing, and ultimately unpredictable in its results.
- Performance takes place within culturally defined cognitive frames that have identifiable boundaries.
- The most effective performances are those in which the performers and audience achieve full engagement with the performance activity through »flow.«
- Performance has broad evolutionary value for human beings.

As can be seen, many of the characteristics of performance are also characteristics of religious ritual. Ritual is carried out in front of an audience; it aims to change the cognitive state of participants; some practitioners of it are better than others; it is collaborative; it is somewhat unpredictable in its results (particularly in healing rituals); it takes place within clearly defined frames; it results in a »flow« experience as audience and performers are caught up in the activity[5]; and it has evolutionary value for humans.

Much of our theories about ritual derive from the theoretical work of Arnold van Gennep in his essential work *Les Rites de Passage*[6]. Van Gennep posits three processual stages of ritual: preliminary, liminality and post-liminality. In his schema the person or persons engaged in ritual first have a preparatory stage, and then they enter a state of liminality in which the normal rules of social life are suspended and replaced by special procedures and observances. Then they emerge into the everyday world in a transformed state. The nature of these different »states« is culturally defined. For some societies the transition will mark the passage from childhood to adulthood or from secular to sacred social role.

---

4 William O. Beeman, Performance, Pragmatics, Neuroscience and Evolution, in: Pragmatics and Society 1 (1) 2010, 118–137.

[5] Cf. Mihaly Csikszentmihalyi, Flow: The Psychology of Optimal Experience, New York 1990, xii, 303; Idem, Beyond Boredom and Anxiety, San Francisco 2000, xxx, 231.

[6] Arnold van Gennep, The Rites of Passage, London 1960, 198.

Van Gennep's work inspired Joseph Campbell's classic text: *The Hero with a Thousand Faces*,[7] in which he shows the heroic journey, such as the vision quest undertaken as a passage to adulthood in many American Indian tribes, as consisting of three stages: departure, initiation and return. In this schema the journey results in a change of social status for the person embarking on the quest.

Most important for the anthropology of performance is the inspiration van Gennep's work gave to Victor Turner. Victor Turner in his *The Ritual Process*[8] added several important dimensions to Van Gennep's schema that are important for the description of ritual. For Turner the period of liminality in the ritual process corresponds with a feeling of *communitas*, an intense, pleasurable feeling of social bonding, togetherness and social unity. Communitas occurs when people experience liminality in a common setting. He also equates this feeling of common bonding between people with sacredness as opposed to the secularity of the non-ritual world.

In the external world there is a range of social differentiation based on many culturally defined dimensions, such as gender, age, social status, group membership, formal professional title and achievement. Each society will have its own distinct set of social divisions and weighting criteria for each. In the ritual world of liminality these differences are partially or completely eliminated. An excellent example is the pilgrimage to Mecca for observant Muslims. Briefly stated, persons making the pilgrimage are stripped of their social differences during the time of pilgrimage. They all wear the same plain garment and undergo the same ritual activities before emerging back to the secular world in a state of ritual purity. They then receive a social title: *hajji* to indicate their new social status.

Many rituals mark the transitions between socially defined periods of time in culturally marked cycles. Examples of these are the seasonal cycles of the year, the annual cycle of renewal, and epochal cycles that may span many years. In these cases all members of a society undergo the ritual process and transit from one temporal period to another. In case the transition is seen as cyclical, the individuals can be seen as transiting from the end of one cycle to the beginning of another.

Some examples of these cyclical rituals include the Sun Dance of the Sioux Indians of the American Plains; the Jewish New Year, Rosh Hashana, the Iranian

---

[7] Joseph Campbell, The Hero with a Thousand Faces, New York (1949) 1956, 416; Simin Karimi, A Note on Parasitic Gaps and Specificity, in: Linguistic Inquiry (Lingl.) 1999 Fall, 30 (4), 704–13.

[8] Victor Witter Turner, The Ritual Process: Structure and Anti-Structure, Ithaca, New York 1966/1977, 213.

New Year at the vernal equinox; the destruction and renewal of the sacred shrine of the Sun Goddess at Ise in Japan every 20 years and various festivals marking the transit from ordinary life to the Christian holy season of Lent, such as Carnival, Mardi Gras and other similar observances.

Another kind of social ritual involves the joining of parts of the spiritual world. These usually involve the uniting of secular and spiritual universes. Examples of this are the Mexican Day of the Dead rituals where living people are brought into contact with the spirits of the departed, or Navaho healing rituals, where those who are ill are brought into harmony with the spirit world as a means of alleviating their distress. I will provide examples of these below. Many other healing rituals involve penance, sacrifice or other kinds of restorative behavior.

The Components of Ritual Performance

It is impossible in this short space to discuss every aspect of ritual performance, but there are several components that are essential to creating the overall effects of performance on an audience. I have mentioned them above, and now turn to a further explanation of how they function. These are »flow« and »framing.«

Flow, Communitas and Audience Experience

The concept of »flow« is relevant to both ritual and performance experience. Psychologist Mihalyi Csikszentmihalyi describes »flow« as a peak experience of activity in which engagement is so complete that those engaged in the experience lose awareness of their own body. He posits that in activities such as athletics, games and work activities, »flow« comes about when individuals are neither so challenged by the activity that it produces stress, nor find the activity so simplistic that they are bored. Thus »flow« is achieved in the space »between boredom and anxiety.«[9]

Victor Turner's concept of »communitas« is a feature of ritual activity. As mentioned above, when individuals or groups transit between states in ritual, they enter a »liminal« space in which most social structural elements of life are eliminated, and they experience »communitas.« Communitas, like »flow« in-

---

[9] Csikszentmihalyi, Flow, xii, 303.

volves a loss of a sense of self and a merging with both the other participants and the ritual activity.

In performance, theatrical, ritual, and even athletic, participants and audience may enter a similar state of »flow« and »communitas.« The performers' engagement with the performance activity may place them in a state where they lose a sense of self. As one singer once told me, »When I am fully engaged with my art, I don't sing the music; the music »sings« me.« Similarly, audience members can become so engaged with the performance activity that they may be moved emotionally – thus changing states – by the performance activity. In some traditions, audience members may go into a trance state merely by watching the activity.

One additional feature of both »flow« and »communitas« is that they are both extremely enjoyable for human participants. For many people the exhilaration that comes from experiencing »flow« or »communitas« constitutes peak experience in their lives. These are moments that are memorable in the extreme. Every detail of a ritual experience may be imprinted on the memories of participants for their whole life. Similarly, for audience members at a particularly engaging performance, the experience may be likewise indelibly imprinted on their consciousness.

It is these common bonds between ritual and performance that suggest that the two activities are akin to each other in human experience, and perhaps in the history of human psychological and cultural development.

Framing and Frames

The concept of the cognitive »frame« is one of the most durable and useful in social science. It is essential to the understanding of both ritual and performance. The concept refers to the ability of human beings (and other higher animal species) to collaboratively »bracket off« a spate of behavior from the ongoing stream of social life for special treatment. Special rules for behavior exist within the »frame« to which participants adhere for its temporal and spatial duration. Examples of framed behavior include games[10], play sequences, ceremonies, rituals and sporting events[11]. Multiple framing is common in human life. Frames within

[10] Cf. Roger Caillois, Man, Play, and Games, New York 1979, 208.
[11] Cf. John J. MacAloon, Brides of Victory: Nationalism and Gender in Olympic Ritual, Vol. 2, Oxford 1997, 120; Idem, This Great Symbol: Pierre De Coubertin and the Origins of the Modern Olympic Games,

frames, overlapping frames, ongoing frames, and interrupted frames are some of the variants that researchers have analyzed over the years.

The frame concept has a long pedigree, going back in some respects to Hume and Heidegger. In recent times Alfred Schuetz is often credited with an important formulation of the notion in his influential essay »On Multiple Realities«(1967). Equally important are Gregory Bateson's work on »play«[12], Goffman's *Frame Analysis*[13] and Deborah Tannen's *Framing in Discourse*. For those who may be unfamiliar with the concept, I give a brief sketch of framed behavior here.

The minimal performance frame is one in which an agreement exists between an audience and a performer whereby the audience will attend to the enactment and display behavior of the performer. This frame can be as fleeting as an encounter between a passer-by and a street musician, or as elaborate as a life-long role as a participant in the palace ritual of a royal court.[14]

Frames may arise spontaneously or be invoked through linguistic interchange (»Let's pretend you're the patient and I'm the doctor«). Many are predetermined through culturally specified custom. »Toasting« at a Russian dinner is a fine, structured performance frame with a master of ceremonies, a protocol of toasting order, and expected drinking behavior. That the frame holds even after everyone becomes very drunk is a tribute to its strength. Regarding performance, »going to the theater« in today's Western society is clearly framed behavior where audience members must refrain from loud noise and excessive movement at certain times, and are allowed to make quite a lot of noise and move about at other times. Added to this is the framed behavior of the actors, who themselves must deal with at least two cognitive frames, »on stage« and »off stage.« Their behavior is, of course, markedly different in these two settings. Some very complicated framings occur when playwrights and directors begin to experiment artistically with the frames in the theater. »Breaking the fourth wall« (Pirandello, Thornton Wilder) and engaging or involving the audience in the action of the performance, estab-

Chicago 1981, 359; Idem et al., Rite, Drama, Festival, Spectacle: Rehearsals Toward a Theory of Cultural Performance, Philadelphia 1984, 280.

[12] Gregory Bateson, The Message, ›this is Play.‹, in: Transactions of the Second Conference on Group Processes, New York 1956, 145–242; Idem, A Theory of Play and Fantasy, in: Psychiatric Research Reports (2), 1955, 39–51.

[13] Erving Goffman, Frame Analysis: An Essay on the Organization of Experience, Cambridge, Massachusetts 1974.

[14] Cf. Clifford Geertz, Negara: The Theatre State in Nineteenth-Century Bali, Princeton 1980, 295.

lishing »plays within a play« (*Pagliacci, Midsummer Night's Dream*) or exposing the offstage area to the view of the audience.

The »frame« encloses the ritual and the performance event. It provides with a clear beginning, a clear ending and »rules« for transitions of activity between the beginning and ending. It also prescribes behavior and language appropriate to the frame. Participants can indeed make mistakes, violate the rules, or perform badly. This does not matter, since their behavior will be measured against the prescriptive rules of the frame.

An example of ritual frames might be the Catholic Mass, Muslim prayer, or a Hindu Puja, each of which have clearly marked beginnings and endings, sequences of activities and prescribed language and movement. It is within these frames that the transitions that mark liminality and communitas can occur. Performative frames include the above-mentioned theater performance, with a clear beginning and ending and prescribed behaviors for both performer and audience. Sports events are also performative and framed, again with clear beginnings and endings and rules for behavior that are so rigid, there are officials to make sure they are observed.

Three Examples of Ritual Performance

In the balance of this paper I will present three different forms of performance that have ritual qualities, Japanese *kagura*, the *Zar* rituals of the Middle East and North Africa, and Iranian *ta'ziyeh*. Although each of these performances is theatrical in nature, each has important ritual aspects in it that contribute to the experience of the audience. The audience in each case is transformed by the performance through transiting into a liminal state before emerging at the end in a new emotional reality.

Kagura is a performance of renewal. The *Zar* is a performance of healing. *Ta'ziyeh* is a performance that reinforces the world order. Thus in these three performance forms we have examples of three of the principal functions of ritual performance. There are, of course, many other examples we might bring to bear in this discussion.

Kagura – Performance of Renewal

Kagura is a shrine-based performance found throughout Japan. It is theatrical in nature in that it depicts the most ancient Shinto deities, as well as local deities. *Kagura* means »god entertainment« or »god play.« In Shinto there are three categories of deity – the historically recognized deities, a few of the most important of which are cited below:

The Gods

- *Amaterasu* – The sun goddess – angered by her brother Tsukuyomi, disappeared into a cave.
- *Susano'o* – her brother – the storm god – banished to Izumo, he killed the serpent Yamata no Orochi and redeemed himself.
- *Tsukuyomi* – her other brother – the moon god.
- *Ame-no-Uzume* – goddess of dawn – lured Amaterasu from her cave by dancing, thus founding *kagura*.
- *Tajikarao* – shut the cave behind Amaterasu.

The most important Shinto myth involves the sun goddess, Amaterasu and her immediate godly relatives. As seen above, Amaterasu was angered by her brother, and hid in a cave, plunging the world into darkness. Ame-no-Uzume performed a risqué dance causing the gods to laugh. Amaterasu was curious and opened the door to the cave to see what caused the amusement. Tajikarao then pulled her from the cave and shut the door behind her, bringing light to the world. In this way, ritual performance is seen as the reason for light in the world.

Kagura began as sacred dances performed at the Imperial court by shrine maidens (*miko*) who were supposedly descendants of Ame-no-Uzume. Over time, however, these *mikagura*, or shrine maidens performed within the sacred and private precincts of the Imperial courts, inspired popular ritual dances, called *satokagura*, referring to *kagura* performed outside the imperial palace. Being popular forms, *satokagura* was practiced in villages all around the country, and was adapted into various other folk traditions.

Now there are several forms of *kagura* regularly performed throughout rural Japan. For this discussion, I will describe two forms that have both performative and ritual purpose: *Izumo-ryū kagura* and *yamabushi kagura*. In all cases, *kagura* is performed at Shinto shrines at times of religious holiday, and especially at times when the shrine is »renewed« by being torn down and completely rebuilt at periodic intervals.

Izumo-ryū kagura consists of dances based on those performed at Izumo Shrine. These dances serve a number of purposes, including ritual purification, celebration of auspicious days, and the reenactment of folktales. This form of *kagura* was originally quite popular in the Chūgoku region, near Izumo. These dances have spread across the country, and have developed over the centuries, becoming more secular folk entertainment and less formal religious ritual.

Yamabushi kagura has been studied extensively by the folklorist and scholar of Eastern religions, Irit Averbuch[15]. She claims that this form of *kagura* derives from Shugendō, a shamanistic, spiritual practice. The *yamabushi* (mountain »monk«) were Shugendō practitioners. For this reason, Averbuch assumes that all *kagura* has at least an incipient shamanistic practice. However, *yamabushi kagura* may involve real spirit possession. I myself have seen Shinto priests go into »trance« while performing *yamabushi kagura.* Of course, trance is difficult to assess, but the spectators all assured me that the priest had been possessed by the god he was addressing in his enactment.

A *kagura* program consists of a loosely ordered series of dances regulated by the appearance of a sequence of gods. A typical program is presented below:

Typical Kagura festival program
- Inaugural dance
- Kagura Play
- Appearance of hyottoko – the god of the hearth
- More kagura plays
- Ending with Ebisu – one of the seven gods of good fortune. God of fishermen and good luck who distributes sweets.

The cycle of performance is designed to invoke the gods and their stories, and to also »please« and »entertain« them through the actions of the performers. The performers are all priests (some are »deputized« as priests for the performance), and are embodiments of the gods that they represent. It is somewhat ambiguous and mysterious whether the performers are inhabited by the gods. Certainly in *yamabushi kagura*, where trance takes place, it can be assumed that performers and audience believe that this inhabitation by the gods is, in fact, taking place.

Whether inhabiting the performers or not, the presence of the gods is invoked and is believed to one extent or another by the audience. One of the features of

---

[15] Irit Averbuch, The Gods Come Dancing: A Study of the Japanese Ritual Dance of Yamabushi Kagura, Vol. 79, Ithaca, New York 1995, 326.

preparation for the performance is the boiling of water in a ritual vessel tended by the shrine maidens with prayers and invocations. This boiling water and the steam that arises from it are indicative of the presence of the gods. The boiling water is sprinkled on audience members with bamboo branches (which cool it, so there is no danger of scalding the audience members) as a sacred blessing. The audience members crowd around the cauldron to inhale the steam as a further blessing from the gods.

Kagura is a communal festival, as mentioned above. There is food, fun and, as the audience and performers enter into the performance space, a genuine feeling of *communitas*. The gods having been entertained then bless the community for another cycle of renewal. The gods then return to their habitation in the renewed shrine, and the world of the community is made fresh once again.

Zar – Performance of Healing

The *Zār* (hereafter »Zar« for simplicity) is an institution found widely in Eastern Africa and throughout the Persian Gulf region. It is sometimes identified as a »cult,« but this designation is pejorative, and I find it somewhat inaccurate. As a healing practice embodying trance-possession, it is undoubtedly very ancient, due to its wide geographic distribution. It is similar to healing practices found in Egypt, the Sudan, Ethiopia and other locations in East Africa as well as throughout the Arabian Peninsula[16]. It has spread to the Makran coast in Baluchistan in both Iran and Pakistan[17]. It shares many essential features with another important trance-possession practice, the Hamadsha of Morocco and North Africa[18]. Indeed the *Zar* and Hamadsha may be historically related, they are so very similar in nature. Most commentators believe that the *Zar* entered the Persian Gulf through trade – including the slave trade with East Africa in the 16th century

---

[16] Leo Frobenius, The Voice of Africa, being an Account of the Travels of the German Inner African Exploration Expedition in the Years 1910–1912, London 1913; G. P. Makris, Changing Masters: Spirit Possession and Identity Construction among Slave Descendants and Other Subordinates in the Sudan, Evanston 2000; Richard Natvig, Oromos, Slaves, and the Zar Spirits: A Contribution to the History of the Zar Cult, in: The International Journal of African Historical Studies 20 (4), 669–689.

[17] Muḥammad Riḍā Darwīšī, Mūsīqī Wa Ḥulsa-i Ḏ ikrhā-i Marāsim-i Gawātī-i Balūčistān. Čāp-I 1 ed., Tihrān 1999; ʿAli Riāḥi, Zār Va Bād Va Baluč, Tehran 1977; Farhat Sultana, Gwat and Gwat-i-Leb: Spirit Healing and Social Change in Makran, in: Marginality and Modernity: Ethnicity and Change in Post-Colonial Balochistan, ed. Paul Titus, Karachi 1996, 28–50.

[18] Vincent Crapanzano, The Ḥamadsha; a Study in Moroccan Ethnopsychiatry, Berkeley 1973, 258.

promulgated by the Portuguese[19], however, some researchers have suggested an Iranian origin for the practice.[20]

I witnessed a *Zar* ceremony in Bahrain in January 1978. My experience of the ceremony parallels the accounts given by other researchers below reporting on *Zar* ceremonies from other areas in the Persian Gulf region.

The basic outlines of the *Zar* and similar rituals are structurally the same everywhere they are found. Individuals in communities throughout the region where the *Zar* is practiced may find themselves in a state of »dis-ease« with symptoms that range from diagnosable allopathic illness to affective disorders that exhibit characteristics of depression, anxiety, uncontrolled violence or suicidal tendencies.

The affected individual may seek treatment from conventional allopathic medical doctors and hospitals, but fail to obtain relief from their ailment. In this situation they may then seek out a *Zar* practitioner. The belief on the part of the afflicted person and the assumption on the part of the practitioner is that the individual is dominated by a spirit entity. As the *Zar* is practiced in Iran, this entity is identified as a *bād* (hereafter »*bad*« for simplicity), literally a »wind«, of which there are a great number.

Zar has been identified as a cult perhaps because treatments are not one-on-one as with conventional medicine. They take place in an elaborate social setting involving a group of people who are similarly inhabited by *bads*. Once dominated by a *bad*, one is never free of the spirit. It resides in one's body causing difficulties. It can never be expelled, only placated, and it is this placation that forms the basis of the ceremonial treatment that is undertaken by the group of *bad*-inhabited individuals. In the Iranian Persian Gulf region, these people collectively are known as »*Ahl-e Havā*« or »People of the Air.«

The great writer and self-taught ethnographer Gholam Hossein Sa'edi wrote a classic work describing the *Zar* with the title »*Ahl-e-hava*«[21]. In Sa'edi's study the *bads* are said to »mount« their victims, who become like a horse to them. As mentioned, there are many varieties of *bads* and each one requires special treat-

---

[19] Iraj Bashiri, Muslims or Shamans: Blacks of the Persian Gulf, electronic document: http://www.angelfire.com/rnb/bashiri/gulf/gulf/html (February 26, 2012); Behnaz A. Mirzai, African Presence in Iran: Identity and its Reconstruction in the 19th and 20th Centuries, in: Revue Française D'Histoire D'Outre-Mer 89 (336–337), 336–346.

[20] Frobenius, The Voice of Africa; Taghi Modarressi, The Zar Cult in South Iran, in: Trance and Possession States, ed. Raymond Prince, Montreal 1968, 149–155.

[21] Ghulām Ḥusayn Sā'idī, Ahl-i Havā, Chāp-i 2 ed. Vol. 4, Tihrān 1976, 155.

Interkulturelle Theologie

2013
39. Jahrgang

Zeitschrift für Missionswissenschaft

Herausgeber

Die *Interkulturelle Theologie – Zeitschrift für Missionswissenschaft* wird in Fortführung des *Evangelischen Missions-Magazins* (seit 1916), der *Evangelischen Missions-Zeitschrift* und der *Zeitschrift für Mission* herausgegeben von der Deutschen Gesellschaft für Missionswissenschaft und Basler Mission.

Schriftleitung

Prof. Dr. Ulrich Dehn (Hauptschriftleiter)
FB Evangelische Theologie der Universität Hamburg,
Sedanstr. 19, D-20146 Hamburg, ulrich.dehn@uni-hamburg.de

Dr. Verena Grüter (Informationen und Termine)
Augustana-Hochschule, Waldstr. 11, D-91564 Neuendettelsau,
verena.grueter@augustana.de

Prof. Dr. Klaus Hock (Rezensionen)
Theologische Fakultät der Universität Rostock, 18051 Rostock,
klaus.hock@uni-rostock.de

Dr. Katrin Kusmierz (Berichte und Dokumentationen)
Theologische Fakultät der Universität Bern, Länggassstr. 51, CH-3012 Bern,
katrin.kusmierz@theol.unibe.ch

Dr. Benedict Schubert (Berichte und Dokumentationen)
Hebelstrasse 17, CH-4056 Basel, b.schubert@unibas.ch

Verlage

Evangelische Verlagsanstalt Leipzig / Basileia-Verlag Basel

ISSN 1867–5492

EVANGELISCHE VERLAGSANSTALT
Leipzig

BASILEIA VERLAG
Basel

■ INHALT 2013

Berichte und Dokumentationen

Rezensionsartikel:

Rezensionen

ment to placate it. The variety and classification of these *bads* have been outlined in a number of excellent publications[22], and so I will not repeat this work in this discussion, but focus rather on the healing activities that are carried out by members of the *Zar* community.

There is a wide variety of nomenclature regarding the inhabiting spirits. In the Persian Gulf there are both: *bads*, *Zars* and also occasionally jinn. Mohammad Riza Darvishi cites 15 *Zars*, 12 *bads* and a number of jinn[23]. Sa'edi cites 72 *Zars*[24]. In Baluchistan the term used is Gwat or Gowat, which also means »wind«[25]. Undoubtedly the terms »*bad*« and »Gwat or Gowat« come from the same ancient Indo-European word, »vati« (»vata« or »vayu«) meaning »wind.« Bashiri identifies the word »*Zar*« as Amharic in origin referring to belief in a jinn-e *Zar*, a spirit that inhabits a human body[26].

Each »*bad*« has a specific name, and specific personal characteristics. The *bads* are associated with colors, with specific religions (Muslim, Christian, Jewish), countries of origin, and temperaments. They are imbued with personality – a crucial aspect in their treatment.

The act of placating the *bads* is accomplished by Babas (male practitioners) and Mamas (female practitioners. These individuals are often said to be inhabited themselves by *bads*, and thus have experience with dealing with these spirits. Because they become the central figures in a group of afflicted individuals, they train others to assist in the activities that will bring relief to those seeking their help, as will be seen below. They are not only adept healers, but also highly adept performers. It is the performance dimensions of the *Zar* that I want to explore below.

Babas and Mamas

The leaders of the *Zar* cult are Babas (male) and Mamas (female). The general practice among the Babas and Mamas is first of all to attempt to diagnose the individual, who will likely have first sought out the help of a Muslim sheikh or

---

[22] Bashiri, Muslims or Shamans; Maria Sabaye Moqaddam, ZĀR, electronic document: http://iranicaonline.org/articles.zar (February 25, 2012); Modarressi, The Zar Cult in South Iran, 149–155.
[23] Darwīšī, Mūsīqī Wa Ḥulsa-i Ḏikrhā-i Marāsim-i Gawātī-i Balūčistān.
[24] Sā'idī, Ahl-i Havā, 155.
[25] Darwīšī, Mūsīqī Wa Ḥulsa-i Ḏ ikrhā-i Marāsim-i Gawātī-i Balūčistān; Riāḥi, Zār Va Bād Va Baluč; Sultana, Gwat and Gwat-i-Leb, 28–50.
[26] Bashiri, Muslims or Shamans.

mullah. If the religious practitioner is not successful in curing the patient through prayers, nostrums and amulets, the afflicted person may then seek out the help of a Baba or Mama.

The Babas and Mamas must first determine what kind of »wind« affects the afflicted person. Since there are so very many winds, with so many different characteristics, each Baba or Mama is especially adept at dealing with one or more of these winds. If they determine that the afflicted person is possessed by a *bad* or *Zar* different from those able to be dealt with by the Baba or Mama, they will advise the afflicted person to consult another Baba or Mama. It appears that there is an extensive informal network of practitioners throughout the Gulf region.

The Zar ceremony

If the Baba or Mama can help the afflicted person, the afflicted person and/or his or her family will be asked for a sum of money for the ceremonial preparations. When this has been finalized, the afflicted one is first separated from the community for a period of time. This can range from a day or two up to several weeks. During this time the afflicted person is subject to a set of taboos. He or she may be forbidden from taking certain foods or gazing on certain animals – dogs and chickens being often cited in the literature. The Baba or Mama may visit the individual and rub them with unguents and herbs designed to help them heal. They are then washed and given clean clothes for the upcoming ceremony.

Bashiri and Sa'edi report that the afflicted person is then placed prone on the floor while the following ceremonies are enacted: The Baba or Mama

> ties the patient's big toes together with a piece of goat hair and rubs a special fish oil beneath his nostrils. Skimping around and brandishing his bamboo stick *(bakol)*, or sticks, the shaman threatens the evil spirit *(jinn)*, advising him to leave the patient's body. In time, screaming and howling, the *(jinn)*, or the evil cause of the illness, prepares to leave the patient[27].

At this point the afflicted person is ready to participate in the ceremony whereby the *bad* or *Zar* is to be »lowered.«

An individual known as the »bamboo lady« assembles the *Ahl-e-hava* in the community, who gather in a room. The afflicted person is then brought into the room and placed in the center with ritual objects, reported variously as eggs,

---

[27] Ibid.

dates, sweets and herbs, a brazier in which fragrant herbs are burned, and tea. The afflicted person's head is usually covered with a cloth.

Musicians also arrive – drummers and flute players are common, but a variety of instruments may be used in different areas. Of these instruments the drums are by far the most important. Bashiri reports that three kinds of drums are used: the Modendo (large drum), Gap Dohol (also a large drum), and the Kesar (smaller drum)[28].

The Baba or Mama begins with a slow instrumental rhythm and begins singing to the *Zar* that inhabits the individual. Depending on the nature of the *bad* or *Zar* the language used may be Persian, Swahili, Arabic or an Indian language such as Malayalam or Marathi. Frequently the language is indistinct and difficult to understand. Modarressi reports that at a ceremony he witnessed the chanting began thus: *Qam dari Baba, Zar dari Baba*[29] (You have pain, dear; you have a *Zar*, dear).[30]

The Mama or Baba is looking for a sign from the afflicted one that the *Zar* or *bad* is being addressed. Thus the Mama or Baba will direct the musicians to vary the rhythm and speed of the instrumental playing until the afflicted one begins to show involuntary muscle reactions – twitching and moving. At the same time the other *Ahl-e-hava* in the room may rise and dance to the rhythm of the music. Sa'edi reports that »daughters of the wind« – young girls in colorful dresses – will participate in the ceremony, and this appears to serve as an incentive for members of the community to appear. I also witnessed these dancers in Bahrain. By the time Moqaddam witnessed this ceremony many years later, she noted that this practice had ceased – perhaps due to the view that such activities were licentious in the post-revolutionary period.[31]

The *Ahl-e-hava* dancers may become quite agitated, even falling to the floor and becoming unconscious. It is thought that the spirits inhabiting these individuals are affected by the music and drumming and are controlling their bodies in a trance-like state.

The afflicted person eventually shows signs of weakness, and may even become unconscious. At a point determined by the Baba or Mama, it is possible to

[28] Ibid.
[29] It is common in Iran for adults to address their children as »Baba,« »father« or »Maman,« »mother« as a term of endearment.
[30] Modarressi, The Zar Cult in South Iran, 149–155.
[31] Moqaddam, ZĀR.

address the *Zar* or *bad* that afflicts the sufferer. The Baba or Mama then asks the spirit what they want to curtail the suffering. The spirit may request very little (a bamboo stick, some prayers) or a great deal, such as another ceremony with food or a sacrifice. If the afflicted person cannot provide what is requested immediately, a promise is made to the spirit to provide it at a later date, or in stages.

Modarressi reports a variety of demands from occupying spirits aside from animal sacrifice. One curious demand is for the Baba or Mama to beat the afflicted person with a bamboo stick as many as a hundred strokes. In this case the Baba or Mama does what is requested. Since the occupying spirit never leaves the body of the afflicted person, these beatings may take place in subsequent ceremonies when the afflicted person again feels ill. Modarressi reports that people who receive these beatings on a regular basis are often sailors who venture out for a month or more, and return directly to the Baba or Mama *Zar* for this treatment. They are said to be »addicted« to the beatings[32].

A sacrifice is frequently demanded by the spirit. In this case the sacrificial animal – often a sheep or goat – is brought into the ceremonial area and sacrificed. The Baba or Mama and the afflicted person then drink the blood of the sacrificial animal. This drinking of blood is in direct violation of Islamic dietary laws, and so it is quite a strong departure from standard Islamic practice.

When the spirit has been propitiated, the afflicted individual is re-incorporated into the overall society. Because they are never free of the spirit, as mentioned above, they become one of the members of the *Ahl-e-hava*. Modarressi believes that the practice provides a means for solidifying social identity in the community. Individuals who are undergoing personal difficulties – romantic stress, post-partum depression or separation from the community (as in the case of the sailors) – can become re-integrated into the society through this communal ceremony where they are the center of all attention, and where they can attain re-acceptance.

I should note that the Gwat-e-leb practiced in Baluchistan both in Iran and Pakistan follows a similar pattern of separation, ceremony and propitiation of an occupying spirit (Gwat, which as noted above also means »wind«) with a few variations. The similarities suggest a common origin for all these practices[33].

---

[32] Modarressi, The Zar Cult in South Iran, 149–155.

[33] Darwīšī, Mūsīqī Wa Ḥulsa-i Ḏ ikrhā-i Marāsim-i Gawātī-i Balūčistān; Sultana, Gwat and Gwat-i-Leb, 28–50.

Ritual Practice

The *Zar* ceremony follows the classic ritual process pattern outlined by van Gennep, elaborated by Victor Turner cited in the beginning of this discussion.

The *Zar* ceremony fits this pattern nearly perfectly. The afflicted individual is isolated from the rest of society for a period of time, and then enters a liminal state where the ceremony takes place and the afflicting spirit is finally reached. This is a period of communitas where all of the members of the *Ahl-e-hava* are chanting, dancing and entering trance themselves. They are social equals participating in the same communal activity. The core of the ceremony is reached when the Baba or Mama is able to address the inhabiting spirit and determine what is needed to alleviate the suffering of the afflicted person. The propitiation is then performed and the individual is re-incorporated into society in a new status – that of a member of the *Ahl-e-hava*.

The role of Music and Performance

The Baba or Mama must drive the ceremony with the help of the other members of the *Ahl-e-hava*. In fact, the ceremony can be seen as a highly elaborate performance in which the Baba or Mama takes a starring role. This is not to minimize the role of the Baba or Mama as a healer. There is no question that they are adept at treating the afflicted persons, but their actions are essentially performative. Their performative functions can be seen at several stages.

1. Preparation – The Baba or Mama is the primary functionary in the preparation of the subject of the *Zar* ceremony during the initial isolation stage, rubbing them with herbs and unguents and supervising their isolation.
2. Musical performance and dance – The Baba or Mama is the »conductor« of the music and drumming, and must be attuned to the movements both of the afflicted person and also the other »*Ahl-e-hava*« in their dancing. The repetition of drumming and singing is designed to induce a trance state, and thus must be carefully orchestrated.
3. The addressing of the spirit – The Baba or Mama speaks or sings to the inhabiting spirit in a variety of languages. In fact, these »languages« may be gibberish, but they purport to be the foreign language that accords with the inhabiting spirit.

4. Propitiation – The Baba or Mama must carry out the propitiation of the spirit in a convincing manner. It is a significant performative burden, since it is this action that eventually alleviates the suffering of the afflicted individual.

In all of these actions the Baba or Mama is, in fact, a professional practitioner. Serving as the central figure in the ceremony, the Baba or Mama must also serve an organizational role for the *Ahl-e-hava* community. The number of musicians and dancers can be fairly extensive, and this task falls directly on the Baba or Mama and their acolytes. In essence, the Baba or Mama propels the ceremony through its various stages using verbal, musical and behavioral performance. It is a very impressive performative activity.

In the end the Baba or Mama also create their own audience for ongoing ceremonies. As individuals are treated they become part of the *Ahl-e-hava* community, and can be expected to attend further ceremonies as the community need arises.

Ritual, Performance and the Zar

In other publications I have suggested that performance must always be transformative in order to be successful[34]. Nowhere is this truer than in ritual performance. The *Zar* ceremony is one such performative activity. In order for healing to take place the Baba or Mama must be a skilled performer. There must be a supportive audience of participants – musicians, dancers and other members of the *Ahl-e-hava*. All are transformed in the process of the ritual, but no one so profoundly as the afflicted person who is the center of the ritual.

The *Zar* creates a powerful frame for its enactment. The gathering of *Ahl-e-hava* participants, the *Baba* and *Mama* practitioners, the ritual drumming and chanting along with curing elements of the performative event itself encapsulates all in this ceremony. They emerge from the performative ritual with their occupying spirits placated, and they are temporarily »healed.« Their behavior is exhilarating and has the characteristics of »flow« as they lose all consciousness of their own bodies. At the same time the strong sense of *communitas* engendered in the *Zar* endures long after any single performative event. The members of the

---

[34] William O. Beeman, Iranian Performance Traditions, Vol. 9, Costa Mesa, California 2011; Beeman, Performance, Pragmatics, Neuroscience and Evolution, 118–137.

Ahl-e-hava gather again and again to experience the same strong sense of transformation.

Ta'ziyeh – Performance that Reinforces the World

Religious epic theatre, *ta'ziyeh* or *shabih*, continues to be performed in areas of the Middle East with large Shi'a populations: Iran, Iraq, Southern Lebanon and Bahrain. Processional forms of this drama are also seen in India, Pakistan and even places far removed from Asia where Shi'a Muslim populations exist, such as Jamaica. However, the most elaborate, full-blown dramatic performances of *ta'ziyeh* continue to be performed in Iran.

Performances of *ta'ziyeh* are given both by ›professional‹ troupes of players and by villagers in amateur performances. Many small towns and villages have erected special buildings – *hoseinieh* – specifically for the performance of mourning ceremonies during the month of Muharram. It is most often in these buildings that *ta'ziyeh* is performed; although an open-air playing space may also be constructed to accommodate large crowds, live animals and dozens of players, some on horseback.

Whether the performers are amateurs, or professionals hired for the occasion, the staging of *ta'ziyeh* is a community affair, with cooperative funds committed for the purpose. Performances may be long or short, but they often take place all day, particularly on the ninth and tenth days of the Islamic month of Muharram, called *Tasuā* and *Āshurā* respectively, the latter being the day of the martyrdom of Imam Husain. A noon meal may be provided for spectators, and the performance may be preceded or followed by communal mourning ceremonies, consisting of processions, religious chanting, and self-flagellation. Often persons leave a bequest in their wills to contribute financially to the annual support of these rituals.

Participants and spectators do not view *ta'ziyeh* as theatre, but rather as part of ritual mourning. Nevertheless, *ta'ziyeh* is most definitely a performance which has many theatrical conventions. There is a composed text for the performance, definite staging conventions, and extensive rehearsals for the enactment of the dramas.

Ta'ziyeh Performance Conventions

The players do not, by convention, memorize their roles (though many have memorized them through years of repetition); rather, they read them from strips of paper held in their hands called *tumār*. The parts are not welded together in a common script, but are maintained as separate scripts with cue lines for each role, akin to »sides« used in Western theatre (such as in Shakespeare's time). The ›good‹ characters, on the side of Imam Husain, chant their lines in classical Persian musical modes and wear the color green. The ›bad‹ characters declaim their lines in stentorian tones and wear the color red. Women's roles are taken by men, who wear black and veil their faces. The performances offer a number of roles for children, played by young boys, who are also dressed in black, but are unveiled, whether they portray male or female characters.

Several forms of staging exist, but most observe the convention of having one area for the camp of Imam Husain, and another area in the same open playing space for the camp of the enemies. A third space may represent Damascus, the seat of the Umayyid governor, Yazid, who ordered the death of the martyrs. A fourth area usually contains props. When characters are not ›on stage‹, they often do not leave the playing area, but merely retire to their playing space, drink tea, and converse. When moving in the playing area, spaces traversed in circles or arcs represent long distances and straight lines are short distances.

Each of the first ten days of Muharram is the occasion for the staging of different performances depicting the death of each of the relatives and supporters of Imam Husain. Typically on the day of *Āshurā* a synoptic performance is given where all of the martyrs' deaths are presented in a single recounting.

Over the years a number of ›secular‹ *ta'ziyeh* performances developed around other religious or even political themes, including events preceding or following the martyrdoms at Kerbala and also other religious or even secular themes including Moses and the Pharaoh, and Solomon and the Queen of Sheba. These included even ›comic‹ *ta'ziyeh* performances, such as ›The Binding of the Thumbs of the Demon‹ which has a masked figure playing the demon's role, whose thumbs are bound by the child, Ali, until he repents of his bad behavior. However, all of these performances eventually turn back to the events of Kerbala.

Reinforcing the World

Ta'ziyeh is a morality drama. The good characters are supremely good, with Imam Hossein being the most admirable of all. His sacrifice and martyrdom is seen as the greatest event in Shi'a religious history – akin to the crucifixion of Jesus in Christianity. Mourning for Imam Hossein and his family is acknowledgement both of the tragedy itself, and also of the shortcomings of believers. They symbolically represent the citizens of Kufa who failed to come to Imam Hossein's rescue.

The bad characters in *ta'ziyeh* are supremely bad. They kill babies, deny true believers food and water, kill and behead Imam Hossein and his male followers and lead the women and children into exile and slavery. They are to be reviled.

In this way the essential morality of the world is reinforced by the performance. The audience is exhorted to mourn with open demonstrations of grief – weeping, breast beating, communal chanting and cries of anguish. In this way they underscore the clear differences between good and evil and their own place within this moral universe. This highly active role for the audience is a demonstration of their direct involvement in the ritual aspect of the drama. Their emotional demonstration is both affirming of the idealized vision of the Shi'a world, and also of the personal commitment of the participants to that world.

Ta'ziyeh performances suffered a decline in the 20th century, but have enjoyed a dramatic revival since the beginning of the 21st century. Immensely popular, *ta'ziyeh* dramas are nonetheless suspect from both a religious and a political standpoint. Religious officials have always been uncomfortable with the depiction of actual historical figures on stage. Political officials did not like huge gatherings of people mourning injustice. Nevertheless, the performances continue unabated in many parts of the Shi'a world. The influence of these traditional forms is deeply felt in the modern theatrical tradition of the Middle East, despite the importation of Western style theatre to the region in the 20th century. When native writers have attempted original work, the most successful productions have always contained elements of these traditional performance genres.

As with the other performance traditions discussed above, *ta'ziyeh* is contained within a strong frame with prescribed forms of behavior as well as a clear ritual structure. Participants enter the *ta'ziyeh* arena; they view a compelling drama that draws on their emotional involvement with a powerful set of historical symbolic figures. They are brought to associate their own lives with the depicted characters, and then to purge themselves through highly active emotional display. This behavior has the characteristics of »flow« and engenders »communitas.« They emerge from the performance drained, but transformed and secure in their strong sense of the basic moral order of the universe.

Conclusion – The Power of Ritual in Performance

As suggested at the beginning of this discussion, ritual is likely to have been the basis for all performance traditions. The power of persuasion and transformation of an audience by skilled performers is the very essence of change in social life. In some sense all persuasive discourse is performative in nature. When such discourse is combined with transformative ritual, it becomes nearly irresistible. Human beings seem to be almost 'hard-wired' to respond to such powerful events.

I have provided three examples of ritual performance that create a powerful transformative experience for participants. *Kagura* renews the world. The *Zar* heals the ailing, and *ta'ziyeh* reinforces moral order. In each case the participants are involved in heavily framed events where they experience »flow« and a strong sense of communitas. It is important to underscore the fact that ritual performance does not just »happen.« In order for it to be effective, it must be made to happen through the actions of skilled performers. *Kagura* actors, the *Babas* and *Mamas* in the *Zar*, and the *ta'ziyeh* performers all train and practice their skills extensively. Their success is seen in the transformative reaction of the audience.

For all who study performance it is worth asking whether these elements are not present in all performance forms. Opera and spoken drama can be transformative. Dance can dazzle and amaze. The combination of music, text and movement in theater traditions worldwide can be mesmerizing. Audiences throughout the world view performance events as mesmerizing peak experiences that change their lives and remain as peak memories forever. In this way, all humans are able to be transformed through performance.

(Prof. Dr. William O. Beeman ist Professor of Anthropology und Chair of the Department of Anthropology an der University of Minnesota)

ABSTRACT

Das Ritual ist eine Basis für alle performativen Traditionen, es wird durchgeführt von ausgebildeten Performern, die ihre Überzeugungsfähigkeiten in die Wirksamkeit des Rituals legen und lebensverändernde Wirkungen zeitigen. Die hochgradigen Wirkungen von Ereignissen/Erfahrungen dieser Art auf die Teilnehmenden werden in diesem Beitrag an drei Fallbeispielen veranschaulicht und nachgewiesen: dem *Kagura*, dem *Zar* (Babas und Mamas) und dem *ta'ziyeh*. Wirkungen sind an den sich wandelnden Reaktionen der Teilnehmenden nachweisbar. Es ist zu fragen, ob von diesen Beispielen nicht auf alle performativen Formen auch außerhalb dessen geschlossen werden kann, in Kunst, Musik etc.

Performanz, Performativität und Performance

Die Rezeption eines sprach- und theaterwissenschaftlichen Theoriefeldes in der Praktischen Theologie

Thomas Klie

1. Am Anfang: der »Cultus«

Mit Schleiermachers wirkmächtiger Unterscheidung von »Mitteilung« und »Darstellung« war im Prinzip bereits der ideengeschichtliche Boden bereitet, lange bevor das performative Theoriefeld in der Praktischen Theologie rezipiert wurde. Es kommt daher nicht von ungefähr, dass die praktisch-theologischen Publikationen, die seit den 1990er-Jahren die performative Qualität »gelebter Religion«[1] ins Zentrum rückten, sich immer auch programmatisch auf Schleiermachers Festtheorie berufen konnten, in der diese Unterscheidung religionstheoretisch wirksam wurde.[2] Schleiermacher definierte bekanntlich den öffentlichen Gottesdienst als einen Akt der Unterbrechung, bei dem auf Zeit die Zweckrationalität des »Arbeits- und Geschäftslebens« sistiert wird: »Unterscheiden wir diejenigen Tätigkeiten, welche auf einen solchen Effekt ausgehen und nennen sie *wirksame*, und die anderen *darstellende*, welche in sich selbst ruhend« sind.[3] Die symbolische Kommunikation im »Cultus« beruht auf der Performanz des ge-

---

[1] Einflussreich waren hier vor allem die beiden Bände von Albrecht Grözinger/Jürgen Lott (Hg.), Gelebte Religion. Im Brennpunkt praktisch-theologischen Denkens und Handelns, Rheinbach 1997; bzw. von Wolf-Eckart Failing/Hans-Günter Heimbrock, Gelebte Religion wahrnehmen. Lebenswelt – Alltagskultur – Religionspraxis, Stuttgart u. a. 1998. – Als programmatisches Titelschlagwort ist »gelebte Religion« jedoch schon 20 Jahre früher belegt: Johannes Hanselmann/Dietrich Rössler, Gelebte Religion. Fragen an wissenschaftliche Theologie und kirchenleitendes Handeln, München 1978.

[2] So zum Beispiel Albrecht Grözinger in seiner Dissertation von 1987, 184f. (Praktische Theologie und Ästhetik, München).

[3] Friedrich Daniel Ernst Schleiermacher, Die praktische Theologie nach den Grundsätzen der evangelischen Kirche, Berlin 1850, 71.

meinsam Dargestellten.[4] Im kunstvollen Formenspiel der liturgischen Darstellung – Michael Meyer-Blanck spricht 1997 in diesem Zusammenhang programmatisch von »Inszenierung«[5] – tritt die Sinnhaftigkeit des Dargestellten gewissermaßen an die Oberfläche. Der Sinn symbolischer Kommunikation *äußert* sich.

Die explizite Begriffskarriere des Performativen innerhalb der Praktischen Theologie setzte jedoch erst ein, als sich das Interesse – im Rahmen der »phänomenologischen Wende«[6] des Faches – auf die *Vollzüge* und *Formen* richtete, in denen sich das neuzeitliche Christentum vermittelt. Hermann Timm rief »Das ästhetische Jahrzehnt«[7] aus, und viele Praktische Theologen entsprachen diesem Programm in ihrer Theoriebildung. Die gestiegene Aufmerksamkeit für die empirischen Bedingungen religiösen Ausdrucks ließ nach individuellem Stil[8] und leib-räumlichen Prozessen fragen. In diesem Zusammenhang rückten auch neue Wahrnehmungsperspektiven in den Vordergrund: *Raum,*[9] *Leib,*[10] *Gestalt*[11] – und dann auch mehr und mehr im emphatischen Vollsinne des Wortes: die *Religion.*[12] Im Zentrum stand dabei das Subjekt, wie es sich selbst vergewissert, dabei auf kulturelle Ressourcen zurückgreift und diese dann religiös imprägniert. Jenseits der überkommen polarisierenden Orientierungen am isolierten Subjekt bzw. am Normenkanon Systematischer Theologie rückte nun der Modus des Gegebenseins von Religion und Kirche in der Kultur sowie die Möglichkeit des Subjekts, dieses Gegebenseins gewahr zu werden, in den Mittelpunkt der Aufmerksamkeit.

---

[4] Martina Kumlehn, Symbolisierendes Handeln. Schleiermachers Theorie religiöser Kommunikation und ihre Bedeutung für die gegenwärtige Religionspädagogik, Gütersloh 1999.

[5] Michael Meyer-Blanck, Inszenierung und Präsenz. Zwei Kategorien des Studiums Praktischer Theologie, in: Wege zum Menschen 1/1997, 2–16; Ders., Inszenierung des Evangeliums. Ein kurzer Gang durch den Sonntagsgottesdienst nach der Erneuerten Agende, Göttingen 1997.

[6] Hans-Günter Heimbrock (Hg.), Religionspädagogik und Phänomenologie. Von der empirischen Wendung zur Lebenswelt, Weinheim 1998. – Zwei Jahre zuvor hatte Manfred Josuttis eine Pastoraltheologie auf »verhaltenswissenschaftlicher Basis« vorgelegt: Die Einführung in das Leben. Pastoraltheologie zwischen Phänomenologie und Spiritualität, Gütersloh 1996.

[7] Hermann Timm, Das ästhetische Jahrzehnt. Zur Postmodernisierung der Religion, Gütersloh 1990.

[8] Dietrich Korsch, Religion mit Stil. Protestantismus in der Kulturwende, Tübingen 1997.

[9] Exemplarisch ablesbar an den Veröffentlichungen zur Kirchenpädagogik, z. B. Thomas Klie (Hg.), Der Religion Raum geben. Kirchenpädagogik und religiöses Lernen, Münster 1998.

[10] Michael Klessmann/Irmhild Liebau (Hg.), Leiblichkeit ist das Ende der Werke Gottes. Körper – Leib – Praktische Theologie, Göttingen 1997.

[11] Christoph Bizer, Kirchgänge im Unterricht und anderswo. Zur Gestaltung von Religion, Göttingen 1995.

[12] S. o. Fußnote 1 zu »gelebte Religion«.

An die Stelle der vielfältigen Versuche, die Praktische Theologie seit dem Ende der 1960er-Jahre als »Handlungswissenschaft« zu etablieren,[13] trat nun das Bemühen, den Gegenstandsbezug im weitesten Sinne phänomenologisch in Gestalt einer Wahrnehmungstheorie zu bestimmen. Programmatisch erfolgte dies in Albrecht Grözingers Dissertation ›Praktische Theologie und Ästhetik‹,[14] die bald eine breite Diskussion auslöste: »Die Dimension des Theologischen war in der Vorstellung vom Handeln des Menschen als einem Handeln auf der Welt als Bühne immer zu Hause.«[15] Es ist das Verdienst Grözingers, mit dieser – performanztheoretisch noch gänzlich undifferenzierten – pantheatralen Anleihe den lange Zeit die Diskussion bestimmenden Handlungsbegriff aus seiner sozialtechnologischen Enge gelöst zu haben, auf die er v. a. mit der Rezeption humanwissenschaftlicher Konzepte in den 1970er-Jahren reduziert wurde. Man verstand nun *Handlung* nicht mehr in erster Linie als soziologisch bzw. ethisch bestimmbaren Wahlakt, sondern als ein moralneutrales Sich-Verhalten-Zu. Der Handlungsbegriff wurde darüber indirekt ästhetisch re-interpretiert.

2. Die kreative Unschärfe einer praktisch-theologischen Kategorie

Die Karriere des Performativen innerhalb der Praktischen Theologie ist ohne die weitgehend zeitgleiche Thematisierungskonjunktur in den Kulturwissenschaften nicht denkbar. Klaus W. Hempfer und Jörg Volbers konstatieren 2011 in ihrer »kritischen Bestandsaufnahme«: »Die Stichwörter des ›Performativen‹ und der ›Performanz‹ sind in den beiden letzten Jahrzehnten in zahlreichen Disziplinen der Geistes- und Kulturwissenschaften zu Schlüsselbegriffen avanciert.«[16] Dominierte bis in die späten 1980er-Jahre hinein der Vorstellungszusammenhang »Kultur als Text«, rückte in den 1990er-Jahren die Prozesshaftigkeit kultureller Phänomene ins Bewusstsein. »Die Äußerung wird aus der Abhängigkeit befreit, von der Welt nur ›konstativ‹ zu berichten, und als eine wirkende Kraft anerkannt,

---

[13] Gerhard Krause, Praktische Theologie. Texte zum Werden und Selbstverständnis der praktischen Disziplin der evangelischen Theologie, Darmstadt 1972; Karl-Fritz Daiber, Grundriß der praktischen Theologie als Handlungswissenschaft. Kritik und Erneuerung der Kirche als Aufgabe, München 1977.
[14] Grözinger, Praktische Theologie und Ästhetik.
[15] A. a. O. 206.
[16] Klaus W. Hempfer/Jörg Volbers (Hg.), Theorien des Performativen. Sprache – Wissen – Praxis. Eine kritische Bestandsaufnahme, Bielefeld 2011, 7.

die als situiertes Ereignis in die Welt eingreift und sie zu verändern vermag.«[17] Dadurch, dass nun nicht mehr länger nur textförmige Objektivationen untersucht wurden, sondern vor allem ereignisförmige Phänomene bzw. soziale Interaktionen *als* theatral verfasste eingeordnet wurden, weiteten sich der Gegenstandsbereich und die Forschungshinsichten. Dies führte fast zwangsläufig zu einer enormen Ausweitung des Performanz-Begriffs. Uwe Wirth spitzt zu: »Der universalpragmatische Anspruch wird gewissermaßen in eine universaltheatralische Betrachtungsweise moduliert.«[18]

»Performanz« stand in der Praktischen Theologie bald univok für die willentliche Ausführung eines Sprechaktes, für die Inszenierung gestalteter oder ritueller Handlungen sowie für die Verkörperung imaginierter Botschaften bei der Lektüre oder bei der Textproduktion. Der Neologismus ›*performative*‹,[19] den John L. Austin in die Diskussion einführte, wurde ungeachtet seines theoriegeschichtlichen Hintergrundes von einem Terminus technicus der Sprechakttheorie zu einem *umbrella term* innerhalb der Kulturwissenschaften.[20] Die semantische Weitung korrelierte eng mit den rasant einsetzenden konzeptionellen Überdehnungen des Theoriefeldes.[21]

Mit der Verschiebung des Fokus auf den Ereignischarakter von Kultur verlagerte sich bei vornehmlich empirisch forschenden Praktischen Theologen das Interesse auf die Handlungsvollzüge, die Austauschprozesse und die sozialen Dynamiken, die die jeweiligen kulturellen Ereignisse überhaupt erst konstituieren. Es wurden nun so unterschiedliche Disziplinen wie Ritualforschung,[22]

---

[17] A. a. O. 9.

[18] Uwe Wirth, Der Performanzbegriff im Spannungsfeld von Illokution, Iteration und Indexalität, in: Ders. (Hg.), Performanz. Zwischen Sprachphilosophie und Kulturwissenschaften, Frankfurt a. M. 2002, 9–60, 39.

[19] John Langshaw Austin, Zur Theorie der Sprechakte, Stuttgart 1972 (How to do Things with Words, Harvard 1955).

[20] Wirth, Der Performanzbegriff, 10.

[21] Klaus W. Hempfer merkt in diesem Zusammenhang mit Recht kritisch (gegen Wirth) an, dass man Searle komplett missverstehe, wenn man »die Ambiguität des normalsprachlichen Wortes ›performance‹ kontextuell falsch disambiguiert, aus der von Searle intendierten ›Ausführung‹ im Deutschen eine ›Aufführung‹ macht und damit allererst den *umbrella term* erzeugt, den Searle gerade durch die Differenzierung von *performance* im Allgemeinen und *performative* im Besonderen zu vermeiden sucht, denn wäre jede Äußerung ›performativ‹, wäre der Begriff schlicht ›useless‹ (Searle 1989: 536)«. Klaus W. Hempfer, Performance, Performanz, Performativität. Einige Unterscheidungen zur Ausdifferenzierung eines Theoriefeldes, in: Ders./Volbers (Hg.), Theorien des Performativen, 15.

[22] Exemplarisch für die Fülle der Publikationen: Rainer Bürgel (Hg.), Raum und Ritual. Kirchbau und Gottesdienst in theologischer und ästhetischer Sicht, Göttingen 1995; Petra Bahr, Ritual und Ritualisation. Elemente zu einer Theorie des Rituals im Anschluß an Victor Turner, in: Praktische Theologie 33/1998, 143–158; Michael Wermke (Hg.), Rituale und Inszenierungen in Schule und Unterricht, Münster 1997.

Liturgik,[23] Religionspädagogik,[24] Homiletik[25] und Kulturhermeneutik[26] über die Indexalität des Performativen aufeinander abbildbar.

Wie in anderen Wissenschaftszweigen, die am *performative turn* partizipierten, wurden natürlich auch in der Praktischen Theologie die schon früh monierten kategorialen Unschärfen »des Performativen« reimportiert. Nicht immer war klar, auf welche Theorietradition man sich jeweils berief und welche epistemischen Auflösungsprobleme sich damit stellten. Dies tat der Dynamik innerhalb der Theoriebildung jedoch keinen Abbruch, im Gegenteil: Die »vielfach konstatierten Schwierigkeiten, die zahlreichen Verwendungsweisen von ›Performativität‹ und ›Performanz‹ auf einen einheitlichen Begriff zu bringen«, sind vielmehr »ein wichtiger Grund für die Fruchtbarkeit und weite Verbreitung des Konzepts«.[27]

3. »Performance«, »Performanz«, »Performativität« – Unterscheidungen unterschiedlicher Systemstellen

Gerade weil, zugespitzt formuliert, die außerordentliche Attraktivität des Performanz-Begriffs mit einer nicht unerheblichen begriffsgeschichtlichen Umcodierung erkauft wurde, macht es Sinn, zuvor die drei wichtigsten Theoriebezüge voneinander zu unterscheiden, in denen der Terminus je unterschiedliche Systemstellen besetzt. In der sich dann anschließenden Aufordnung der praktisch-theologischen Rezeption kann danach sehr viel präziser bestimmt werden, welcher Theoriezugriff jeweils erkenntnisleitend war.

Mit Klaus W. Hempfer[28] können drei »Kerntheorien« festgemacht werden, in denen Performanz-Konstrukte zentrale Konstituenten eines theoretischen Feldes darstellen: das *Theatermodell* (hier ist ›performance‹ die entscheidende Kategorie), die *generative Grammatik* (hier geht es um ›Performanz‹) und die *Sprechakttheorie* (hier ist von ‚Performativität' die Rede). Das mit diesen Theorien sich abzeichnende Theoriefeld ist seinerseits nicht auf eine Basistheorie deduzierbar.

---

[23] Ursula Roth, Die Theatralität des Gottesdienstes, Gütersloh 2006.
[24] Thomas Klie/Silke Leonhard (Hg.), Schauplatz Religion. Grundzüge einer Performativen Religionspädagogik, Leipzig 2003.
[25] Martin Nicol, Einander ins Bild setzen. Dramaturgische Homiletik, Göttingen 2002.
[26] Thomas Klie (Hg.), Performanzen des Todes. Neue Bestattungskultur und kirchliche Wahrnehmung, Stuttgart 2008.
[27] Hempfer/Volbers (Hg.), Theorien des Performativen, 8
[28] Hempfer, in: Ders./Volbers (Hg.), Theorien des Performativen, 13–41.

Allenfalls kann man sagen, dass die drei Kategorien sprachwissenschaftlich – im Unterschied zu Semantik und Syntax – der *Pragmatik* zuzuordnen sind; es geht in den drei genannten Kerntheorien um kontextabhängige Gebrauchssituationen, in denen sich etwas *als* etwas äußert.

a. Performanz (generative Grammatik)

Die Rede von Performanz (im Gegensatz zu Kompetenz) ist von Noam Chomsky unter Aufnahme der *langue/parole*-Dichotomie von de Saussure in den Diskurs eingebracht worden.[29] Mit »Kompetenz« meint Chomsky die reine Kenntnis (*cum grano salis*: das passive Verstehen einer bzw. seiner Sprache), während »Performanz« den aktuellen Sprachgebrauch der Sprache in einer konkreten Situation bezeichnet. Kompetenz vs. Performanz ist also eine rein methodologische Unterscheidung. Jede konkrete Äußerung, die ein Sprecher in einer bestimmten Situation vollzieht, ist auf der Ebene der Performanz angesiedelt. Es geht also um einen situativen Gebrauch einer vorhandenen (passiven) Sprachkompetenz.

b. Performativität (Sprechakttheorie)

Im Gegensatz dazu wird der Begriff des Performativen von Austin als ein Neologismus geprägt. Er bezeichnet hiermit einen Sprech-Akt, eine Handlung also, die in und durch Sprache konstituiert wird. In der Theologie wird dafür oft das klassische Beispiel des Segenswortes herangezogen: »Ich segne Dich!« Dieser Satz *setzt* situativ das, was er *besagt*. Sprechsituation und Verbbedeutung sind wechselseitig aufeinander bezogen. Austin unterscheidet ›*performative*‹ von ›*constantive*‹ bzw. performativ von konstativ. Performative Sätze setzen Wirklichkeit, konstative Sätze behaupten Wirklichkeit.

In der Praktischen Theologie begegnen performative Sprechakte vor allem im Bereich der Sakramente. Im Verlauten der Taufformel – »N. N., ich taufe dich im Namen des Vaters und des Sohnes und des Heiligen Geistes«[30] – ergeht die Verheißung im Modus des sich *ereignenden* Wortes. Gleiches gilt auch für die *Ob-*

---

[29] Noam Chomsky, Aspekte der Syntax, Frankfurt 1969 (Aspects of the Theory of Syntax, Cambridge 1965).

[30] Kirchenleitung der ELKD (Hg.), Agende für Evangelisch-luth. Kirchen und Gemeinden, Band III: Die Amtshandlungen, Teil 1: Die Taufe, Hannover 1988, 31 passim.

signatio crucis bei der Taufe: »Nimm hin das Zeichen des Kreuzes.«[31] Auch die Einsetzungsworte beim Abendmahl lassen sich performativ – im Sinne der Sprechakttheorie – deuten.[32]

c. Performance (Theatertheorie)

Von den beiden erstgenannten Kategorien unterscheidet sich die theatertheoretische Bestimmung von Performanzphänomenen insofern, als hier kategorial eine rein ästhetische Praxis bestimmt wird. ›*Performance*‹ meint »Aufführung« im direkten Sinne des Wortes: Theatrale Zeichen werden vor anderen und für andere produziert und zugleich rezipiert; Akteure und Publikum sind leiblich ko-präsent. Aspekte dieser Handlung sind das ganze Repertoire theatraler Zeichen wie z. B. Sprache, Gestik, Mimik, Gesang/Musik, Requisite, Licht. Wirklichkeit erscheint auf der Bühne als ein fiktives Artefakt, bei dem aus jeder Handlung die *Aufführung* einer Handlung wird. Bei einer theatralen Performance handelt es sich gewissermaßen um eine Transformation des Performativen (Sprechakttheorie) in einen größeren Handlungskontext. Denn das Theatergeschehen erschöpft sich nicht in der referentiellen Funktion. Zugleich hat man es natürlich im aktuellen Verlauten z. B. von Rollentexten mit einer Performanz (generative Grammatik) zu tun, die auf die Kompetenz der Zuhörer setzt, die sprachlichen Zeichen zu disambiguieren. Bildeten theatrale Performanz und rezeptive Kompetenz kein Überlappungsfeld, würden die Rollentexte als reines Rauschen und die Handlungen auf der Bühne als sinnlose Bewegungen wahrgenommen.

Vor diesem Hintergrund erschient es 1. vollkommen plausibel, im Bezug auf die theatrale Performance mit Erika Fischer-Lichte von der »performative(n) Kunst schlechthin« zu sprechen.[33] Zugleich lässt sich anhand der performativen Super-Funktion des Theatralen 2. natürlich auch die Proliferation der Performanz-Terminologie in die anderen Theoriekontexte erklären – mit der Folge der genannten Unschärfen. Und 3. zeigt es sich, dass die transdisziplinäre Generalisierung eines zunächst im Theater angesiedelten Geschehenszusammenhangs nicht ganz einer (sprach-)logischen Grundlage entbehrt, so sehr es 4. darauf hin-

---

[31] A. a. O. 23 passim.

[32] So z. B. Joachim von Soosten, Präsenz und Präsentation. Die Marburger Unterscheidung, in: Dietrich Korsch (Hg.), Die Gegenwart Christi im Abendmahl, Leipzig 2005, 99–122.

[33] Erika Fischer-Lichte, Grenzgänge und Tauschhandel. Auf dem Wege zu einer performativen Kultur, in: Wirth (Hg.), Performanz, 277–300, 291.

weist, *warum* und *inwiefern* theoretisch zwischen Performanz, Performativität und Performance zu unterscheiden ist.

4. Rezeption des Performanz-Theoriefeldes in den Teildisziplinen der Praktischen Theologie

Die Rezeption des Performanz-Theoriefeldes gestaltete sich in den einzelnen Teildisziplinen der Praktischen Theologie in mehrfacher Hinsicht nicht als einheitlicher Prozess. Es überwogen zunächst die impliziten Bezugnahmen, man rezipierte nicht zeitgleich, und es wurden dann auch – je nach Phänomenbereich – ganz unterschiedliche Performanz-Modelle in die eigene Theoriebildung einbezogen. Dies erklärt sich zunächst natürlich aus dem Umstand, dass für den (religiösen) Unterricht andere Inszenierungsoptionen relevant sind als für die Kanzelrede bzw. die Handlungsvollzüge im Gottesdienst auf andere Logiken setzen als die Seelsorge. Da aber *alle* Teildisziplinen auf eine Praxis reflektieren, in der in unterschiedlicher Weise Wortlaute der Heiligen Schrift »inszeniert« werden, war der Funktionszusammenhang performativer Rede (Sprechakt-Theorie) über die Exegese disziplinenübergreifend präsent, lange bevor der diese Texte aus- und aufführende Kontext in diese Perspektive eingerückt wurde.

a. Liturgik

Es ist wohl der besonderen Nähe zur Welt des Theaters geschuldet, dass im Bereich der Liturgik die ersten Theorietransfers zu verzeichnen sind.[34] Der Gottesdienst ist der Exemplarfall religiöser Kommunikation, und in ihm tritt das Christliche ästhetisch prominent in Erscheinung. Evangelische Religion zeigt sich hier in tradierten Deutungsformen, mehrdimensionalen Zeichenfolgen sowie in theatral organisierten Dramaturgien. Peter Stolt führt die Wiederbelebung der evangelischen Liturgik zurück auf »die Entdeckung des ›Dramatischen‹, das

---

[34] Einer der ersten, der nach Schleiermacher sich der Analogie von theatraler und liturgischer Darstellung widmete, war Heinrich Alt (Heinrich Alt, Theater und Kirche. In ihrem gegenseitigen Verhältnis historisch dargestellt, Berlin 1846). Sein Vorwort beginnt mit dem signifikanten Satz: »Den Vorwurf, einen schon oft genug behandelten Gegenstand aufs neue behandelt zu haben, glaube ich nicht befürchten zu dürfen.« Als außerordentlich wirksam – auch und gerade in der evangelischen Liturgik – erwies sich dann zwei Generationen später die kleine (katholische) Monographie von Romano Guardini, Vom Geist der Liturgie, Freiburg 1918.

jede Liturgie in sich trägt«.[35] Analog zum Predigtvortrag verlaufen im liturgischen Handlungsvollzug die Produktion und die Rezeption von Zeichen simultan. Liturg und Gottesdienstteilnehmer verhelfen durch ihre Interaktion dem Gottesdienst zur Performanz.

Nachdem der Rostocker Praktische Theologe Karl-Heinrich Bieritz 1995[36] Umberto Ecos Konzept des Offenen Kunstwerks auf den Gottesdienst übertrug, nahm Michael Meyer-Blanck diesen Gedanken auf und sprach als einer der ersten Praktischen Theologen im Zusammenhang mit dem Gottesdienst offen und programmatisch von »Inszenierung«:[37] »Der Begriff der ›Inszenierung‹ weist auf die Grundspannung evangelisch verstandenen Gottesdienstes, auf das Verhältnis von unverfügbarer Wirklichkeit und menschlich verantworteter, dargestellter Wirklichkeit des Evangeliums, oder sehr viel einfacher: der Begriff der ›Inszenierung‹ beinhaltet eine gesteigerte Aufmerksamkeit für das Verhältnis von Inhalt und Form.«[38] Die Performanz-Vokabel taucht hier zwar expressis verbis nicht auf, aber implizit folgt die Darstellung einer theatersemiotischen Lesart des *Performance*-Modells (Theatertheorie).

In den danach veröffentlichten Arbeiten zur Liturgik[39] verstand man die für das Funktionieren einer *performance* zentrale Handlungskategorie als leibhaftes, interaktives Verhalten einer darstellenden Person, also als die performative Spielform der kultischen Kommunikation. Die kommunikative Dimension des liturgischen Ausdruckshandelns besteht in seiner Semiotizität und seinem Ant-

---

[35] Peter Stolt, Zu diesem Heft, Vorwort zu Pastoraltheologie H. 82/1993, 147.

[36] Karl-Heinrich Bieritz, Zeichen setzen. Beiträge zu Gottesdienst und Predigt, Stuttgart u. a. 1995, 107–120.

[37] Zunächst in seiner Berliner Antrittsvorlesung (Michael Meyer-Blanck, Inszenierung und Präsenz. Zwei Kategorien des Studiums Praktischer Theologie, in: Wege zum Menschen H. 1/1997, 2–16) und dann programmatisch in der Darstellung der sogenannten Erneuerten Agende: Ders., Inszenierung des Evangeliums. Ein kurzer Gang durch den Sonntagsgottesdienst nach der Erneuerten Agende, Göttingen 1997.

[38] Meyer-Blanck, Inszenierung des Evangeliums, 18.

[39] Vor allem: Ulrike Suhr, Das Handwerk des Theaters und die Kunst der Liturgie. Ein theologischer Versuch über den Regisseur Peter Brook, in: Peter Stolt u. a. (Hg.), Kulte, Kulturen, Gottesdienste. Öffentliche Inszenierung des Glaubens, Göttingen 1996, 37–49; Marcus A. Friedrich, Liturgische Körper. Der Beitrag von Schauspieltheorien und -techniken für die Pastoralästhetik, Stuttgart u. a. 2001; Thomas Klie, Zeichen und Spiel. Semiotische und spieltheoretische Rekonstruktion der Pastoraltheologie, Gütersloh 2003; Ursula Roth, Die Theatralität des Gottesdienstes, Gütersloh 2006; David Plüss, Gottesdienst als Textinszenierung. Perspektiven einer performativen Ästhetik des Gottesdienstes, Zürich 2007; Hans-Jürgen Kutzner, Liturgie als Performance? Überlegungen zu einer künstlerischen Annäherung, Münster 2007; Julia Koll, Körper beten. Religiöse Praxis und Körpererleben, Stuttgart 2007.

wortcharakter.[40] Die theatrale Perspektive hebt ins Bewusstsein, dass gottesdienstliche Handlungen nur im und durch den Vollzug für die Gottesdienstbesucher Sinn machen.

Der performative Charakter des liturgischen Ausdruckshandelns zeigt sich auch im Selbstbezug, also im individuell geprägten Modus der Handlung. Jeder Liturg hat seine eigene »zeremoniale Handschrift«. Die gottesdienstliche Rolle bedingt eine stilisierende Erscheinungsweise, in der sich die Person verkörpert. Sie ist Ausdruck dessen, dass sie nicht nur Leib *hat*, sondern auch Leib *ist*. Es entsteht ein Spannungsverhältnis von darstellender Person, dargestelltem Sujet (Texte des Evangeliums) und dargestellter Figur (Liturg). In den Übungen zur »Liturgischen Präsenz«,[41] die der Hamburgische Dramaturg Thomas Kabel entwickelt hat, wird diese theatertypische Spannung didaktisch operationalisiert. In keinem anderen Bereich religiöser Praxis kommen *performance*, *Performanz* und *Performativität*, kommen kirchliche Religion und theatrale Pragmatik so zur Deckung wie in der Praxistheorie der liturgischen Präsenz. »Präsenz meint Gegenwart in dieser Handlung, die Raum, Zeit und Menschen verbindet. Präsenz entsteht durch Bewusstheit im Blick auf die eigenen Absichten und durch Wachheit im Kontakt zu den eben genannten Faktoren.«[42] Hier kommt die *performance* im praktischen Vollzug zu sich selbst – liturgische und theatrale Darstellung werden über pastorale Übungsszenarien kurzgeschlossen.

In der Gottesdiensttheorie liefert der performative Referenzrahmen die Kriterien dafür, in welchem Verhältnis für die Rezipienten die liturgische Darstellung zum jeweils Dargestellten steht. Dies ist im Grunde eine semiotische, genauer: theatersemiotische Perspektive.[43] Der Theoriezugriff auf das Performanzfeld lässt die unterschiedlichen Dimensionen zeichenvermittelter Praxis erkennen und in ihren Wechselbeziehungen hervortreten: die Semantik als Bedeutungszuschreibung an einzelne Botschaften und kulturelle Verweise, die Syntax, also die

---

[40] Christoph Dinkel (Was nützt der Gottesdienst? Eine funktionale Theorie des evangelischen Gottesdienstes, Gütersloh 2000, 114ff.) bestimmt den christlichen Gottesdienst als »Interaktionssystem«, und er definiert mit Luhmann »Interaktion« als eine »Kommunikation unter Anwesenden«.

[41] Thomas Kabel, Handbuch Liturgische Präsenz. Zur praktischen Inszenierung des Gottesdienstes, Bd. 1, Gütersloh 2002; Helmut Wöllenstein, Werkbuch Liturgische Präsenz nach Thomas Kabel, Gütersloh 2002; Thomas Kabel, Handbuch Liturgische Präsenz, Bd. 2, Zur praktischen Inszenierung der Kasualien, Gütersloh 2007.

[42] Kabel, Handbuch Liturgische Präsenz, Bd. 1, 13.

[43] Erika Fischer-Lichte, Semiotik des Theaters. Eine Einführung, Tübingen, Bd. 1 (1998⁴): Das System theatralischer Zeichen [1983¹]; Bd. 2 (1989²): Vom »künstlichen« zum »natürlichen« Zeichen. Theater des Barock und der Aufklärung [1983¹]; Bd. 3 (1995³): Die Aufführung als Text [1983¹].

Verknüpfungslogik bzw. »Dramaturgie« komplexer Zeichenfolgen in der Agende und die Pragmatik der Rezeptions- und Partizipationsformen aller an einem religiösen Vollzug mittelbar Beteiligten.

b. Homiletik

Die performative Wende in der liturgischen Theorie und Praxis hat die Sensibilität für Gestaltungs- und Inszenierungsfragen auch in der Predigttheorie gesteigert,[44] doch das Interesse an leiblichen Gestaltungen im Gottesdienst erweist sich in dieser Teildisziplin als durchaus ambivalentes Phänomen. Denn es zeichnet sich empirisch eine Tendenz ab, über die religionsästhetische Euphorie die klare Verständigung über die Gegenwartsbedeutung der Heiligen Schrift zu vernachlässigen. Die Stärke des protestantischen Gottesdienstes war aber immer die biblisch motivierte Vergewisserung im Modus verständlicher Anrede.[45] Wird also normativ für die evangelische Kanzelrede das performative Paradigma reklamiert, wie in Martin Nicols Programmschrift zur dramaturgischen Homiletik,[46] dann wird der performative Zugriff auch hermeneutisch relevant. Denn die für den Gottesdienst grundlegende Relation von »Darstellung« und »Mitteilung«, von deutender Anrede und anamnetischer Ausdruckshandlung verwischt zugunsten pantheatraler Pathosformeln, wenn nicht klar zwischen *Performance*, *Performanz* und *Performativität* unterschieden wird.[47]

Martin Nicol und Alexander Deeg konzipieren die Kanzelrede im Bereich der formalen Homiletik programmatisch gemäß einer dramaturgischen Logik.[48] Deutlicher als in der Liturgik sind hier die Anklänge an das *Performance*-Konzept der Theatertheorie, wenn auch die Theoriebezüge mit dem Hinweis auf die

---

[44] Das ästhetische Paradigma ist deutlich greifbar im Lehrbuch von Albrecht Grözinger, Homiletik. Lehrbuch Praktische Theologie Bd. 2, Gütersloh 2008.

[45] Vgl. dazu die kritischen Anmerkungen von Michael Meyer-Blanck, Die Dramaturgie von Wort und Sakrament. Homiletisch-liturgische Grenzgänge im ökumenischen Horizont, in: PTh 96 (2007), 160–171.

[46] Nicol, Einander ins Bild setzen; Martin Nicol/Alexander Deeg, Im Wechselschritt zur Kanzel. Praxisbuch Dramaturgische Homiletik, Göttingen 2005.

[47] Die Dramaturgische Homiletik ist ungeachtet ihrer theoretischen Inkonsistenzen derzeit eines der meistpraktizierten Aus- und Fortbildungskonzepte in den Predigerseminaren und landeskirchlichen Pastoralkollegs. Auch das »Zentrum für evangelische Predigtkultur« der EKD in Wittenberg rekurriert programmatisch auf diese Methodik.

[48] Peter Cornehl bilanziert: »Die Liturgik befindet sich im Aufwind. Dagegen scheint das evangelische Flaggschiff Homiletik momentan unter einer gewissen Flaute zu leiden, die hoffentlich bald vorübergeht.« (Peter Cornehl, Der Evangelische Gottesdienst – Biblische Kontur und neuzeitliche Wirklichkeit, Bd. 1: Theologischer Rahmen und biblische Grundlagen, Stuttgart 2006, 14).

Nähe der Predigt zu den »Performing Arts« nur angedeutet werden. Nicol sieht die Predigt als ein »Ereignis in Analogie zur Performance im Bereich der Performing Arts«[49]. »Auf der Kanzel werden nicht Gedanken in einzelnen Punkten entwickelt, sondern bewegte Bilder in Sequenzen und Moves inszeniert.«[50] Nicol versteht den biblischen Text hermeneutisch als »arrested performance«, der in »situationsbezogenen Interpretationen des Textes« wieder zu »›Aufführungen‹ (performances)« werden soll.[51] Wenn dann »bewegte Sequenzen«, sogenannte »moves«, wie in einem Film aneinandergereiht werden und durch Schnitte eine »structure« erhalten,[52] dann tritt die Analogie zum theatralen Performance-Verständnis deutlich hervor. Theoriegeschichtlich stellt sich diese Referenz allerdings als eine durchaus hybride Rezeption dar.

Die »Dramaturgische Homiletik« ist wie die »Liturgische Präsenz« eine systematisch eher unterbestimmte Praxistheorie. Sie adaptiert die Einsichten der amerikanischen »New homiletic« (u. a. Wilson, Buttrick, Wardlaw, Lischer) für den deutschen Sprachraum. Die Generalthese dieser »neuen Homiletik« (to make things happen) paraphrasiert einerseits den Titel von John Austins Klassiker (How to do Things with Words[53]), rekurriert aber theologisch auf die Hermeneutiken von Ebeling und Fuchs (»Sprachereignis« bzw. »Wortgeschehen«), die hier die wesentlichen Impulsgeber in den USA waren.[54] Die Dramaturgische Homiletik stellt sich also – zugespitzt – theologiegeschichtlich als ein homiletischer Reimport einer deutschen Hermeneutik über die USA dar und theoriegeschichtlich als eine nicht ausgewiesene Adaption der Austin'schen Pragmatik. Die Rezeption beider Reimporte durch Nicol fiel nun in eine Zeit, in der man die Liturgie über die ästhetischen Formen theatral-performativ neu dachte. Und dem passte sich nun auch die Homiletik an. Klare Bezüge auf die exakten Systemstellen der heterogenen Referenztheorien gingen in dieser hybriden Rezeptionsgeschichte weitgehend verloren.

---

[49] Nicol, Einander ins Bild setzen, 34.
[50] A. a. O. 36.
[51] A. a. O. 59.
[52] Nicol/Deeg, Im Wechselschritt zur Kanzel, 13ff.
[53] Austin, Zur Theorie der Sprechakte.
[54] Dies berichtet Martin Nicol in seiner Erlanger Antrittsvorlesung: Preaching from Within. Homiletische Positionslichter aus Nordamerika, in: PTh 86 (1997), 295–309; vgl. Christian Möller, Die homiletische Hintertreppe. Zwölf biographisch-theologische Begegnungen, Göttingen 2007, 104f.

c. Religionspädagogik

Für den Religions- und Konfirmandenunterricht ist der Fokus auf den performativen Aspekt der Fachdidaktik nicht neu.[55] Ein Unterricht, der sich zeitgenössisch für Kulturphänomene öffnet und diese dann auch didaktisch abbilden will, muss sich zwangsläufig mit der Darstellungs- und Wirklogik des Performativen auseinandersetzen. Ähnlich wie in der Liturgik sind die Bezugnahmen auf das theatrale Modell hier am stärksten ausgeprägt. Bereits Hubertus Halbfas[56] und Peter Biehl[57] hatten in den 1980er-Jahren die Reichweite eines »anästhetischen« Textunterrichts in ihren symboldidaktischen Entwürfen stark relativiert. Indem sie die symbolische Kommunikation zum didaktischen Integral erhoben, konnten sie die traditionellen texthermeneutischen Methoden um andere, zumeist ästhetisch ausgelegte Lernwege erweitern. Und so setzte eine zunächst noch ziellose Suchbewegung ein, möglichst vielfältige Wahrnehmungs- und Gestaltungsmöglichkeiten für den Unterricht zu reklamieren.[58]

Was heute als sogenannte »Performative Religionspädagogik«[59] firmiert, lässt sich jedoch nicht nur als eine Fortschreibung der herkömmlichen Symbolkunde verstehen. Die Didaktisierung des Performanzgedankens speist sich aus mehre-

[55] Zur Theoriegeschichte vgl. Thomas Klie, ›Dass Religion schön werde‹. Die performative Wende in der Religionspädagogik, in: Thomas Schlag/Thomas Klie u. a. (Hg.), Ästhetik und Ethik. Die öffentliche Bedeutung der Praktischen Theologie, Zürich 2007, 49–63.

[56] In programmatischer Dichte: Hubertus Halbfas, Das dritte Auge. Religionspädagogische Anstöße, Düsseldorf 1982.

[57] Vor allem: Peter Biehl, Symbole geben zu lernen. Einführung in die Symboldidaktik anhand der Symbole Hand, Haus und Weg, Neukirchen-Vluyn 1989; Ders., Symbole geben zu lernen II. Zum Beispiel: Brot, Wasser und Kreuz. Beiträge zur Symbol- und Sakramentendidaktik, Neukirchen-Vluyn 1993.

[58] Gut abzulesen ist dies an den aufwendig gestalteten Religionsbüchern von Hubertus Halbfas (Religionsbücher für das 1. bis hin zum 9./10. Schuljahr).

[59] Aus der Fülle der Publikationen auf evangelischer Seite vor allem: Thomas Klie/Silke Leonhard (Hg.), Schauplatz Religion. Grundzüge einer Performativen Religionspädagogik, Leipzig 2003; Dies. (Hg) Performative Religionsdidaktik. Religionsästhetik – Lernorte – Unterrichtspraxis, Stuttgart 2008; Bernhard Dressler/Thomas Klie u. a., Unterrichtsdramaturgien. Fallstudien zur Performanz religiöser Bildung, Stuttgart 2012; Thomas Klie/Reiner Merkel u. a. (Hg.), Performative Religionsdidaktik und biblische Textwelten, Loccum 2012. – Auf katholischer Seite: Hans Mendl, Religionsunterricht inszenieren und reflektieren. Plädoyer für einen Religionsunterricht, der mehr ist als »reden über Religion«, in: Religionsunterricht heute 3–4/2006, 6–21; Eckhard Nordhofen, Diskursive und performative Mystagogie. Über das, was man im Religionsunterricht gesagt und das, was nicht gesagt werden kann, in: Info, 36. Jg. 1/2 2007, 7–14; Hans Mendl, Religion erleben. Ein Arbeitsbuch für den Religionsunterricht, München 2008.

ren Quellen: Zeichendidaktik,[60] post-strukturalistische (»profane«) Religionspädagogik[61] und Gestaltpädagogik.[62]

»Performativ« steht in der Religionsdidaktik methodisch für eine breite Palette möglicher Unterrichtsinszenierungen: die Darstellung von Sprechakten, die Gestaltung theatraler oder ritueller Handlungen sowie für die Verkörperung von Botschaften bei der Lektüre oder bei der Textproduktion. Im Kontakt mit Formen objektiver Religion sollen subjektive Zugänge zur Christentumspraxis angebahnt und reflektiert werden.

Dass von Beginn an der Theoriediskurs um die Sinnhaftigkeit einer performativen Didaktik von praktischen Erprobungen im Unterricht begleitet wurde, kennzeichnet den religionspädagogischen Diskurs. Wie in der Homiletik wurden aber auch hier die theoretischen Referenzen nicht immer klar benannt, auf die man implizit rekurrierte.[63] Die »religionspädagogisch neu akzentuierte Entdeckung des Wechselbezugs zwischen religiöser Rede (im Sinne umfassender, nicht nur verbalsprachlicher, sondern leib-räumlicher Kommunikationsmuster in der *Partizipantenperspektive*) und dem ›Reden *über*‹ Religion (im Modus der reflexiven *Beobachterperspektive*)«[64] konnte sich im Prinzip – bei einem deutlichen Schwerpunkt auf dem ludisch-theatralen Modell (besonders deutlich beim »Bibliodrama«) – auch auf das linguistische Performanz-Kompetenz-Modell (z. B.

[60] Hier ist v. a. M. Meyer-Blancks kleine, aber einflussreiche Schrift »Vom Symbol zum Zeichen. Symboldidaktik und Semiotik« (Hannover 1995) zu nennen, die mittlerweile in einer zweiten, überarbeiteten und erweiterten Auflage vorliegt (Rheinbach 2002). Diese Impulse wurden aufgenommen und didaktisch fortgeführt u. a. in: Bernhard Dressler/Michael Meyer-Blanck (Hg.), Religion zeigen. Religionspädagogik und Semiotik, Münster 1998.

[61] Vgl. Bernd Beuscher, Positives Paradox. Entwurf einer neostrukturalistischen Religionspädagogik, Wien 1993; Bernd Beuscher/Dietrich Zilleßen, Religion und Profanität. Entwurf einer profanen Religionspädagogik, Weinheim 1998. Zu den unterrichtspraktischen Konsequenzen vgl. das von Zilleßen und Gerber vorgelegte Religionsbuch: Und der König stieg herab von seinem Thron. Das Unterrichtskonzept Religion elementar, Frankfurt a. M. 1997.

[62] Vor allem Christoph Bizer, Die Heilige Schrift der Kirche und der Religionsunterricht in der öffentlichen Schule. Ein religionspädagogischer Gedankengang, JRP Bd. 8, Neukirchen-Vluyn 1992, 115–138; Ders., Kirchgänge im Unterricht und anderswo. Zur Gestaltung von Religion, Göttingen 1995. – In diesem Zusammenhang sind auch zu nennen: Hans-Martin Gutmann, Symbole zwischen Macht und Spiel. Religionspädagogische und liturgische Untersuchungen zum »Opfer«, Göttingen 1996; Ders., Der Herr der Heerscharen, die Prinzessin der Herzen und der König der Löwen. Religion lehren zwischen Kirche, Schule und populärer Kultur, Gütersloh 1998; und Ingrid Schoberth, Glauben lernen. Grundlegung einer katechetischen Theologie, Stuttgart 1998.

[63] Vgl. die kritischen Anmerkungen von (evang.) Hanna Roose, Performativer Religionsunterricht zwischen Performance und Performativität, in: Loccumer Pelikan 3/2006, 110–115; bzw. (kathol.) Mirjam Schambeck, Religion zeigen und Glauben lernen in der Schule? Zu den Chancen und Grenzen eines performativen Religionsunterrichts, in: Religionspädagogische Beiträge 58/2007, 61–80.

[64] Bernhard Dressler, Reformative Religionsdidaktik: Theologisch reflektierte Erschließung von Religion, in: Ders./Klie u. a., Unterrichtsdramaturgien, 1542, (17).

im Blick auf abrufbares religiöses Vorwissen) und die Sprechakt-Theorie berufen (z. B. in der Vermittlung prophetischer Rede).

In der Poimenik ist bis dato noch kein *performative turn* erkennbar. Zwar kommt neben dem Leitmedium Gespräch mittlerweile auch vermehrt die rituelle Kommunikation ins Spiel. Aber hierauf wird bezeichnenderweise nicht unter performanz-, sondern unter ritualtheoretischen Aspekten reflektiert.[65] – Auch in der Kybernetik ist derzeit kein Performanzdiskurs auszumachen. Hier dominieren nach wie soziologische bzw. milieu- und kirchentheoretische Modelle; religionsästhetisch ist das Kirchensystem bislang noch unterbestimmt.

5. Fazit

Insgesamt hat sich die Rezeption performativ ausgelegter Theoriemodelle in der Praktischen Theologie als äußerst fruchtbar und erkenntnisfördernd erwiesen. Religiöse Handlungsverläufe konnten im Blick auf ihre religionsproduktiven und religionsästhetischen Implikationen über sich aufgeklärt und in eine universalpragmatische Perspektive eingezeichnet werden. Dies eröffnete und eröffnet nach wie vor wichtige Anschlussdiskurse zur Kultur- und Religionswissenschaft.

(Prof. Dr. Thomas Klie ist Professor für Praktische Theologie an der Universität Rostock)

ABSTRACT

In several respects the reception of the theoretical field of performance did not develop as a uniform process in the individual sub-disciplines of Practical Theology. Initially implicit references predominated; reception did not happen simultaneously and, subsequently, depending on the phenomenal domain, completely different models of performance were included into one's own theory construction. Liturgics, homiletics and the studies of religious education were the most important proving grounds for the theory of performance. Here the reception has proved to be highly productive and enhancing knowledge. In regard to its implications of religious productivity and aesthetics of religion, it was possible to draw religious courses of action in a perspective of universal pragmatics. This has initiated important subsequent discourses for cultural and religious studies.

[65] Thomas Klie, Vom Ritual zum Ritus. Ritologische Schneisen im liturgischen Dickicht, in: Berliner Theologische Zeitschrift (BThZ) 26. Jg. H. 1/2009, 96–107.

Performanzforschung und Neues Testament

Christian Strecker

1. Performanz, Performativität, Performance

»Es ist durchaus verzeihlich, nicht zu wissen, was das Wort ›performativ‹ bedeutet. Es ist ein neues Wort und es ist ein garstiges Wort, und vielleicht hat es auch keine sonderlich großartige Bedeutung. Eines spricht jedenfalls für dieses Wort, nämlich dass es nicht tief klingt.«

Es ist der Erfinder des fraglichen Wortes selbst, der britische Philosoph John Langshaw Austin, der sich so in einem 1956 publizierten Aufsatz äußerte.[1] Ein Jahr zuvor hatte er das Konzept der »performativen Äußerungen« in den William James Lectures an der Harvard University in Oxford umfassend ausgearbeitet. Der inzwischen berühmte zwölfteilige Vorlesungszyklus erschien posthum unter dem Titel »How to Do Things with Words«.[2] Austin wandte sich darin gegen das Sprachmodell des logischen Positivismus (Alfred J. Ayer), das sinnvolle Sprache auf die Funktionen der Deskription und Feststellung einengte und dabei allein das Kriterium der Verifizierbarkeit gelten ließ. Gegen diese Verengung führte Austin die neue Unterscheidung zwischen konstativen und performativen Äußerungen (*constative vs. performative utterances*) ein. Sinnvolle Sprache schließe – so Austin – neben den konstativen Äußerungen, also Aussagen oder Feststellungen über die Wirklichkeit, die tatsächlich als wahr oder falsch beurteilt werden könnten, eben auch solche ein, die nichts beschreiben, berichten oder behaupten, sondern primär eine Handlung vollführen und sich dabei einer Verifikation oder Falsifikation entziehen würden. Als Beispiele solcher »performativen Äußerungen« verwies er auf Sätze wie: »Ich taufe dieses Schiff auf den Namen Queen Elisabeth« oder »Ich vermache meine Uhr meinem Bruder« – der

---

[1] John L. Austin, Performative Äußerungen, in: Ders., Gesammelte philosophische Aufsätze, übers. u. hg. v. J. Schulte, Stuttgart 1986, 305.
[2] Vgl. John L. Austin, Zur Theorie der Sprechakte (How to Do Things with Words), Stuttgart 1981².

erste Satz geäußert beim Wurf einer Flasche gegen den Schiffsrumpf, der zweite als Teil eines Testaments.[3] Wie alle Handlungen könnten auch diese »Sprechhandlungen« fehlschlagen, nämlich dann, wenn Störungen im Handlungsrahmen aufträten, sei es im Bereich der den Sprechakt tragenden Konventionen, sei es in der Ausführung des Akts, sei es im Kontext der Intentionen der Beteiligten. Performative Äußerungen unterlägen folglich Gelingensbedingungen (*felicity conditions*).[4]

Bekanntlich stieß Austin im Laufe der Entfaltung dieser Bedingungen zunehmend auf Probleme und Grenzfälle, die ihn dazu zwangen, die eingeführte Differenzierung zwischen Konstativa und Performativa zu revidieren und schließlich aufzugeben. Er gelangte zu der Erkenntnis, dass letztlich allen sinnvollen sprachlichen Äußerungen die Dimension des Handelns eigen sei. Nun untergliederte er sprachliche Äußerungen in drei simultan ablaufende Akte, nämlich lokutionäre, illokutionäre und perlokutionäre Akte.[5] Den Begriff »performativ« ließ Austin gleichwohl nicht fallen. Nicht nur unterschied er bei den illokutionären Akten zwischen »primär« und »explizit« performativen Äußerungen,[6] er konnte, wie der eingangs erwähnte Aufsatz dokumentiert, auch weiterhin grundsätzlich von performativen Äußerungen sprechen. Wie Austins »Wendungen« und sein konkreter Gebrauch der Vokabel »performativ« vor diesem Hintergrund im Genauen zu verstehen oder nicht zu verstehen sind, diese Frage ist Gegenstand einer intensiven und komplexen Debatte, die hier nicht weiter verfolgt werden kann.[7] Offensichtlich aber ist, dass Austins oben zitierte Beschreibung der Vokabel in nahezu allen Punkten obsolet erscheint: Nicht zu wissen, was das Wort »performativ« bedeutet, ist heute in intellektuellen Kreisen kaum mehr verzeihlich. Das Wort hat inzwischen eine durchaus »großartige Bedeutung« gewonnen, und in nicht wenigen jüngeren Publikationen klingt es sehr »tief«. Mehr noch: In der geisteswissenschaftlichen Forschung lässt sich seit geraumer Zeit auf vielen Feldern gar eine »performative Wende« (*performative turn*) diagnostizieren.[8]

Dieser immense Erfolg der Vokabel »performativ« ist angesichts Austins schwankenden Umgangs mit ihr bemerkenswert. Er erklärt sich wohl nicht nur

---

[3] Vgl. Austin, Theorie, 28f.
[4] Austin, Theorie, 37, benennt sechs solcher Bedingungen, die hier nicht näher erörtert werden müssen.
[5] Vgl. dazu die Zusammenfassung bei Austin, Theorie, 126.
[6] Vgl. Austin, Theorie, 167f.
[7] Vgl. dazu Eckart Rolf, Der andere Austin, Bielefeld 2009.
[8] Vgl. Doris Bachmann-Medick, Cultural Turns, Reinbek bei Hamburg 2006, 104–141.

daraus, dass der Philosoph mit dem besagten Wort eine wichtige, bis dato offenbar zu wenig beachtete Dimension der Sprache schlagend auf den Begriff zu bringen vermochte, sondern zumal auch daraus, dass die Theorie des Performativen bald über die Sprechaktphilosophie hinaus auf ästhetische und soziale Handlungen im Allgemeinen übertragen wurde. Der Begriff des Performativen vermischte sich dabei auf vielfältige Weise mit dem der »performance« (Aufführung). Aus dieser Gemengelage heraus entwickelte sich ein eigenes Forschungsparadigma, das nicht nur den jüngeren Aufstieg der Kulturwissenschaften[9] im Allgemeinen und der Ritualforschung (*ritual studies*) im Speziellen[10] maßgeblich begleitete und prägte, sondern das inzwischen auch in den traditionellen Disziplinen der Philosophie, der Soziologie, der Ethnologie, der Literaturwissenschaft, der Pädagogik, der Psychologie sowie der Theaterwissenschaft allenthalben begegnet. Zudem etablierte sich die Performanzforschung unter dem Label *performance studies* an einigen Universitäten als eigener Studiengang – zunächst in Nordamerika und dann auch in Deutschland. Hervorgegangen aus der Kooperation zwischen Theaterwissenschaft und Ethnologie und der Ausweitung der Forschungsperspektiven der Oralitäts- und Literaritätsforschung,[11] widmet sich dieses Studium kulturellen Aufführungen und Praktiken unterschiedlichsten Charakters, angefangen vom Theater über Rituale, Tanz, Musik, Sportspiele, populäre Unterhaltung bis hin zu den alltäglichen Selbstinszenierungen und Rollendarbietungen im Sinne der Sozialtheorie Erving Goffmans.

In theoretischer Hinsicht lässt sich der in den 1980er-Jahren einsetzende Aufstieg der Performanzforschung als Antwort auf den Strukturalismus begreifen, der die intellektuellen Debatten der 1960er- und 1970er-Jahre bestimmte. Dessen zentrale Probleme und Defizite, nämlich die Entwertung der Subjekte als leibhaftige Akteure und die Neutralisierung der Prozessualität von Geschichte, glich die

---

[9] Vgl. Lutz Musner/Heidemarie Uhl, Wie wir uns aufführen, Wien 2006; Erika Fischer-Lichte, Vom »Text« zur »Performance«, in: Georg Stanitzek/Wilhelm Voßkamp (Hg.), Schnittstelle: Medien und Kulturwissenschaften, Köln 2001, 111–115.

[10] Vgl. Andréa Belliger/David J. Krieger, Einführung, in: Dies. (Hg.), Ritualtheorien, Opladen/Wiesbaden 1998, 7–33, hier: 9ff.; Ursula Rao/Klaus Peter Köpping, Einleitung. Die »performative Wende«, in: Dies. (Hg.), Im Rausch des Rituals (Performanzen 1), Münster u. a. 2000, 1–31.

[11] Maßgeblich inspiriert wurden die performance studies durch die fruchtbare Zusammenarbeit zwischen dem Anthropologen Victor W. Turner und dem Theaterwissenschaftler und -regisseur Richard Schechner in den 1970er- und frühen 1980er-Jahren; vgl. dazu Marvin Carlson, Performance. A Critical Introduction, London/New York 1996, 21f. Ein anderer wichtiger Impuls war die Öffnung der in Amerika unter dem Titel oral interpretation firmierenden rhetorischen Forschungen für ethnographische und volkskundliche Erkenntnisse, die den Blick auf die ästhetische und performative Dimension menschlicher Kommunikation und somit auf die Bedeutung von Ritualen und kulturellen Darbietungen lenkte.

Performanztheorie in gewisser Weise aus, indem sie den Fokus u. a. auf das leibhafte (Sprech-)Handeln und seine transformative Kraft sowie generell auf die wirklichkeitskonstituierende Produktivität menschlichen Agierens in seiner ganzen Komplexität, Prozessualität und Ambiguität lenkte. Die Performanzforschung war und ist vor diesem Hintergrund grundlegend gekennzeichnet durch die Akzentuierung bzw. Rehabilitierung des Ereignisses gegenüber der Struktur, des Handelns gegenüber der Funktion, des Prozesses gegenüber der Ordnung, des Signifikanten gegenüber dem Signifikat, der Form gegenüber dem Inhalt, der Inszenierung gegenüber der Bedeutung, der (De-)Konstruktion gegenüber der Interpretation, der Partizipation gegenüber der Beobachtung, der Präsenz gegenüber der Repräsentation, der Sinne gegenüber dem Sinn, der Mehrfachcodierungen gegenüber der Definition, der Differenz gegenüber der Identität, der Produktionsbedingungen gegenüber dem Ursprung, der Subjektwerdung gegenüber dem Subjekt.[12]

Die vielfältigen performanztheoretischen Ansätze lassen sich freilich nicht durchweg auf einen Nenner bringen. »Performanz« ist letztlich eine schillernde Kategorie, die zahlreiche Brechungen in sich birgt. Es handelt sich um ein »essentially contested concept«, was bedeutet, »that its very existence is bound up in disagreement about what it is, and that the disagreement over its essence is itself part of that essence«.[13] Genau darin liegt aber eine der Stärken der Performanzforschung: Sie gibt der Mannigfaltigkeit und Reichhaltigkeit von Performanzphänomenen breiten Raum. Von daher wäre es verfehlt, den Begriff der Performanz – einer resoluten Politik der Benennung folgend – auf einen ganz konkreten Bedeutungskern zu reduzieren. Gleichwohl ist es gerade angesichts der großen Fülle möglicher Bedeutungsassoziationen[14] unerlässlich, zumindest die groben Konturen des Begriffsgebrauchs abzuklären.

---

[12] Die genannten Gegenstücke dürfen nicht im Sinne des neuzeitlichen Trennungsdenkens als dichotomische Antipoden verstanden werden, geht es doch der Performanztheorie gerade auch um die Überwindung des tief in die neuzeitlich-westliche Wissenschaftstradition eingeschriebenen dualistischen Denkens.

[13] Mary S. Strine u. a., Research in Interpretations and Performance Studies, in: Gerald M. Philips/Julia T. Wood (Hg.), Speech Communication, Carbondale/Edwardsville 1990, 181–204, hier: 183; s. auch Richard Schechner, Performance Theory, New York/London 1988, 30, Anm. 10: »Performance is an extremely difficult concept to define.«

[14] Vgl. dazu nur Hanne Seitz, Here be dragons, in: Dies. (Hg.), Schreiben auf Wasser, Essen 1999, 225–241, die ebd., 225f., über den Terminus »performance« schreibt: »Mal ist eine Handlung, dann eine Theateraufführung, bisweilen eine eigene Kunstgattung gemeint; mitunter ist nur die Qualität der Dinge bezeichnet; mal handelt es sich um das Machen, dann um das Betrachten; mal geht es um eine Repräsentation, dann wieder um eine Präsentation; mal bezeichnet es eine Vorstellung, dann wieder eine

Der Literatur- und Kulturwissenschaftler Uwe Wirth steckt das Bedeutungs-
spektrum wie folgt ab: »Performanz kann sich ebenso auf das ernsthafte Ausführen von Sprechakten, das inszenierende Aufführen von theatralen oder rituellen
Handlungen, das materielle Verkörpern von Botschaften im ›Akt des Schrei-
bens‹, oder auf die Konstitution von Imaginationen im ›Akt des Lesens‹
beziehen.«[15] Die Philosophin Sybille Krämer unterscheidet dagegen in einer
deutlich abstrakteren Form zwischen den Kategorien der »universalisierenden
Performativität«, der »iterabilisierenden Performativität« und der »korporalen
Performativität«.[16] Vergleicht man die Bestimmungen und die gesamte Debatte
zum Thema, fällt nicht zuletzt das Changieren der Termini Performanz, Performativität und Performance auf.[17] Hier wird vorgeschlagen, den Begriff der »Performanz« als Oberbegriff zu nehmen und »Performance« sowie »Performativität« als Komponenten unter diesem zusammenzuschließen. Der Begriff der
»Performanz« umfasst dann zum einen – im Sinne von »Performativität« – das
Moment der Produktivität bzw. wirklichkeitskonstituierenden Kraft sprachlicher, aber auch somatischer Handlungen unterschiedlichster Art und zum anderen das Moment der theatralen »Performance«, d. h. der Darbietung bzw. Aufführung, wobei eine Performance – sei es im künstlerisch-ästhetischen Bereich,
im Ritual oder im alltäglichen Rollenverhalten – über die bloße Darstellung hinaus ebenso performative Kraft besitzen und das faktisch konstituieren oder performativ hervorbringen kann, was sie vermeintlich »nur« dramatisch darbietet.
»Performanz« steht demnach also gleichermaßen für das Moment der Konstitution respektive Konstruktion eines Phänomens (Performativität) – sei es durch
sprachliche, soziokulturelle oder künstlerische Praktiken – wie auch für das Moment der theatralen Präsentation, der Darstellung und Aufführung (Performance)
– dies ebenfalls auf unterschiedlichsten Ebenen, sei es im sprachlichen, sozialen
oder künstlerischen Bereich. Bezogen auf das Neue Testament ergeben sich daraus zahlreiche Forschungsthemen und -perspektiven. Hier kann nur eine kleine

Durchführung, dann wieder ein Ergebnis; mal ist es eine Wiederherstellung, dann aber nur die erstma-
lige, mitunter sogar einmalige Herausstellung; mal ist die Handlung buchstäblich gemeint, mal meint sie
etwas anderes.«
[15] Uwe Wirth, Der Performanzbegriff im Spannungsfeld von Illokution, Iteration und Indexikalität, in:
Ders. (Hg.), Performanz, Frankfurt a. M. 2003, 9–60, hier: 9.
[16] Vgl. im Genaueren Sybille Krämer, Was haben ›Performativität‹ und ›Medialität‹ miteinander zu tun?, in:
Dies. (Hg.), Performativität und Medialität, München 2004, 13–32, hier: 14–19.
[17] Vgl. zu dieser Problematik auch Eckard Schumacher, Performativität und Performance, in: Wirth (Hg.),
Performanz, 383–402.

Auswahl möglicher Gegenstände und Aufgaben einer neutestamentlichen Performanzforschung gesichtet werden.

2. Neutestamentliche Performanzkritik (*performance criticism*)

Seit geraumer Zeit wird in der exegetischen Forschung erwogen, die später im Kanon zusammengefassten neutestamentlichen Schriften – und zwar sowohl die Evangelien, die Briefe wie auch die Apostelgeschichte und die Offenbarung – seien in den frühchristlichen Gemeinden ursprünglich mündlich vorgetragen bzw. »aufgeführt« worden. Dementsprechend müssten die Texte auch in der wissenschaftlichen Auslegung in neuer Weise als Performanzphänomene beleuchtet und verstanden werden. Unter dem Label »Performanzkritik« (»performative criticism«) gehen einige Exegeten und Exegetinnen den vielfältigen Implikationen dieser These inzwischen genauer nach.[18]

Zentraler Ausgangspunkt der performanzkritischen Erforschung des Neuen Testaments war und ist die Einsicht, dass die neutestamentlichen Zeugnisse nicht einer Schriftkultur, sondern einer primär oral geprägten Kultur entstammen. Auch wenn die Schrift namentlich im antiken Judentum als Medium der Kodifikation göttlicher Wahrheit einen herausragenden Stellenwert besaß und in einigen gesellschaftlichen Bereichen der antiken römischen Welt basale Kenntnisse im Lesen und Schreiben für den Vollzug einfacher schriftlicher Kommunikation notwendig und dementsprechend wohl auch verbreitet waren, lag der Anteil der Bevölkerung mit einer qualifizierten Alphabetisierung im römischen Imperium vermutlich kaum höher als bei ca. 10 Prozent.[19] Die neutestamentlichen Schriften wurzeln demnach in einer Kultur, die sich mit dem Begriff der »Hypoliteralität« beschreiben lässt: Schriftliche Kommunikation war zwar relevant, wurde aber von der großen Mehrheit nicht umfänglich beherrscht.[20] Trotz Schriftgebrauchs dominierte mithin die mündliche Kommunikation. Mehr noch: »Die Schrift

---

[18] Vgl. zum Aufkommen, den Inhalten und Konturen der neutestamentlichen Performanzkritik umfassend David Rhoads, Performance Criticism, in: Biblical Theology Bulletin 36 (2006), 118–133.164–184.

[19] Vgl. W. V. Harris, Ancient Literacy, Cambridge/London 1989; Peter Stein, Schriftkultur, Darmstadt 2006, bes. 86.90. Es wird kalkuliert, dass die Schreib- und Lesekundigkeit in der antiken jüdischen Gesellschaft in der fraglichen Zeit noch darunter lag; so Catherine Hezser, Jewish Literacy in Roman Palestine, Tübingen 2001, 35f.496; Meir Bar-Ilan, Illiteracy in the Land of Israel in the First Century C.E., in: Simcha Fishbane u. a. (Hg.), Essays in the Social Scientific Study of Judaism and Jewish Society, New York 1992, 46–61, bes. 55f. Zu Anfragen und Relativierungen Harris' einflussreicher Untersuchung s. J. H. Humphrey (Hg.), Literacy in the Roman World, Ann Arbor 1991.

[20] Vgl. dazu Stein, Schriftkultur, 22.

wurde weniger als ein Zeichensystem der direkten Kommunikation verstanden, mehr als ein System zur Codierung der mündlichen Sprache. So war es normal, dass schriftliche Texte laut vorgelesen wurden und erst dadurch die mit ihnen verbundene Kommunikationsabsicht zum Ziel kam. Dabei wirkte die im schriftlichen Medium codierte Information mit den nur mündlich übermittelbaren Komponenten der Sprache (Stimme, Lautstärke, Tempo) und mit außersprachlichen Signalen (z. B. Zeigegesten, Positionierung im Raum) zusammen.«[21] Vor diesem Hintergrund liegt es nahe, dass die neutestamentlichen Schriften größtenteils vermittels mündlicher Verständigung hörend und allenfalls in einem beschränkten Umfang lesend rezipiert wurden. David Rhoads hält dafür: »[T]he overwhelming majority of first century Christians (perhaps 95 %) experienced their traditions – including gospels, letters, and apocalypses – only in some form of oral performance. Performances were a central and integral part of the early Christian experience of the compositions that have now come down to us in written form in the Second Testament. The collection of Second Testament writings we now have are records of what early Christians experienced in speech by performers in the community.«[22] Dies gilt umso mehr, als Lesen in Anbetracht der *scriptio continua* ein mühevolles Unterfangen war und schriftliche Aufzeichnungen der christlichen Botschaft überdies aufwendig und mit nicht unerheblichen Kosten verbunden waren.[23] Dass die Weitergabe der Inhalte der frühchristlichen Schriften tatsächlich vermittels öffentlicher Performanzen in den Gemeindeversammlungen erfolgte, indizieren einige Aussagen und Notizen im Neuen Testament selbst. Was die Briefe anbelangt, werden öffentliche Performanzen in 1. Thess. 5,27; Kol. 4,16, aber auch in Apg. 15,22–31 greifbar. Mit Blick auf die Offenbarung ist die in 1,3 begegnende Seligpreisung derjenigen, die die Worte der Weissagung hören, einschlägig. Und dass auch die Evangelien vorgetragen bzw. mündlich aufgeführt wurden, wird in der neutestamentlichen Performanzforschung u. a. aus der direkten Anrede der Rezipienten in Mk. 13,14/Mt. 24,15 erschlossen, und zwar indem man diese nicht auf Lesende, sondern auf Hörende bezieht.[24] Darüber hinaus werden der rhetorische Aufbau der Briefe und die sorgfältigen Kompositionen der Evangelien mittels rhetorischer Stilmittel wie Inklu-

---

[21] Bernhard Oestreich, Performanzkritik der Paulusbriefe, Tübingen 2012, 63f.

[22] Rhoads, Performance Criticism, 118.

[23] Vgl. dazu Harris, Ancient Literacy, 193–196; Hezser, Jewish Literacy, 110ff.; und v. a. Whitney Shiner, Proclaiming the Gospel, Harrisburg 2003, 11ff.

[24] Vgl. dazu im Näheren Shiner, Proclaiming, 16.176f.

sionen, Parallelismen, Chiasmen, Wiederholungen u. Ä. als Indizien für den anvisierten mündlichen Vortrag der besagten Schriften ausgewertet.[25]

Folgt man all diesen Überlegungen und Thesen, so ergeben sich daraus diverse neue Perspektiven für das Verständnis und die Auslegung der neutestamentlichen Schriften. Dies gilt zunächst im Hinblick auf die Autorenfunktion. Die Fokussierung der klassischen historisch-kritischen Forschung auf den Verfasser und seine Intentionen wird in der Performanzkritik aufgebrochen. In den Fokus des Interesses rücken stattdessen nun der/die Vortragende als *performer* und die Zuhörenden/Zusehenden als aktiv an der Performanz Beteiligte. Mit Blick auf die vortragende Person schreibt David Rhoads: »The *performer* embodies the text. The performer *is the medium* that bears the potential meanings and impacts of the story upon the audience in a particular context. Every aspect of the performer's appearance, movements, and expressions are part of the story. In the performance of a narrative, the performer is acting out the characters and events of the story. In the performance of a letter, the performer is personifying the dynamics of the argument that is being presented.«[26] Aus Sicht der Performanzkritik hingen die Relevanz und die konkrete Bedeutung der neutestamentlichen Texte mithin an der jeweiligen körperlichen Umsetzung der Texte in der mündlichen Vor-/Aufführung durch das vortragende Subjekt. Dies gilt namentlich für die stimmliche Ausgestaltung. Die menschliche Stimme verfügt bekanntlich über ein großes Spektrum unterschiedlichster Ausdrucksformen und Färbungen. Je nach Tonfall, Sprechgeschwindigkeit und Art der Aussprache konnten die *performer* den Sinn der Aussagen in den Texten in die eine oder andere Richtung lenken. Aber nicht nur vermittels ihrer Stimme, sondern zumal auch vermittels ihrer Mimik, körperlicher Gesten und durch die theatrale Umsetzung einzelner Textinhalte konnten sie ihrem Publikum ein ganz bestimmtes Verständnis der vorgetragenen Texte nahelegen.[27] Neben der stimmlichen und theatralen Kompetenz der Vortragenden dürfte das Gelingen der Performanz – d. h. das Zustandekommen einer bewegenden und sich auf die Einstellungen und das Verhalten des Publikums auswirkenden Textaufführung – aber auch an deren persönlicher Integrität und Autorität sowie an der Vertrautheit mit dem Publikum gehangen

---

[25] Dies kann hier nicht im Einzelnen dargelegt werden. Vgl. für die Evangelien Shiner, Proclaiming, passim; und für die Briefliteratur Oestreich, Performanzkritik, 15ff.

[26] Rhoads, Performance Criticism, 128.

[27] Vgl. dazu Shiner, Proclaiming, 127–143.171–190. Hier werden hypothetisch zahlreiche Beispiele anhand des Textes des Markusevangeliums erschlossen.

haben. Angesichts all dieser zur Lesekompetenz noch hinzutretenden Ansprüche waren sicher nur sehr wenige Personen in den frühen christusgläubigen Gemeinden in der Lage, orale Performanzen durchzuführen,[28] zumal diese einer auch zeitlich intensiven Vorbereitung bedurften, zu der neben dem interpretierenden Entziffern der *scriptio continua* Überlegungen zur theatralen Umsetzung der Texte und das Memorieren derselben – die Aufführungen erfolgten wohl in der Regel aus dem Gedächtnis[29] – gehörten.

Was nun die Seite der Rezeption anbelangt, lenkt die Performanzkritik die Aufmerksamkeit vom einzelnen lesenden Subjekt weg, um sie neu auf die Gemeinschaft der sich zur Textaufführung versammelnden Gemeinschaft auszurichten. Die oralen Performanzen der neutestamentlichen Texte waren kollektive Ereignisse, in die die Zuhörenden/Zusehenden mehr oder weniger aktiv eingebunden waren. Das Publikum nahm die Aufführung der Texte sicher nicht nur passiv zur Kenntnis, sondern begleitete und kommentierte diese vermittels Reaktionen unterschiedlichster Art. Die Theaterwissenschaftlerin Erika Fischer-Lichte spricht in diesem Zusammenhang von einer »autopoetischen feedback-Schleife«. Sie führt im Näheren aus: »Was immer die Akteure tun, es hat Auswirkungen auf die Zuschauer, und was immer die Zuschauer tun, es hat Auswirkungen auf die Akteure und die anderen Zuschauer. In diesem Sinne läßt sich behaupten, daß die Aufführung von einer selbstbezüglichen und sich permanent verändernden *feedback*-Schleife hervorgebracht und gesteuert wird.«[30] Performanzen sind demnach als komplexe Interaktionsprozesse zu begreifen, in deren Verlauf Akteure und Publikum auf vielfältige Weise aufeinander einwirken. Fischer-Lichte räumt ein, dass »es sich dabei häufig eher um kaum wahrnehmbare Mikroprozesse handeln mag«, betont aber, dass solche wechselseitigen Rückwirkungen – auch dann, wenn sie kaum registriert würden – »in jeder Aufführung am Werke [sind]«.[31] Was nun konkret die antiken Performanzen neutestamentlicher Texte anbelangt, nimmt Whitney Shiner an, dass die Zuhörenden/Zuschauenden durchaus deutlich vernehmbar reagiert hätten, nämlich mit Applaus, Jubel, Gelächter, Johlen, Spott, Weinen, Zwischenrufen u. a. m. Darüber hinaus

---

[28] Die immer wieder vorgetragene These, die Paulusbriefe seien von den die Briefe überbringenden Boten auch vorgetragen worden (s. nur Rhoads, Performance Criticism, 125), problematisiert mit guten Gründen Oestreich, Performanzkritik, 65f.

[29] Vgl. dazu im Näheren Shiner, Proclaiming, 103–125; Rhoads, Performance Criticism, 123; Pieter J. J. Botha, Orality and Literacy in Early Christianity, Eugene 2012, 89–112.

[30] Erika Fischer-Lichte, Ästhetik des Performativen, Frankfurt a. M. 2004, 59.

[31] Fischer-Lichte, Ästhetik, 67.

meint er, es ließen sich im Markusevangelium sogar Aufforderungen zum Applaus (»applause lines«) ausmachen.[32] Darüber ließe sich freilich streiten. Wie auch immer: Die Bedeutung der neutestamentlichen Texte wird in der Performanzkritik nicht länger allein an den Texten selbst bzw. an der aus den Texten erhobenen Intention des jeweiligen Verfassers festgemacht, sie wird nun konsequent als Produkt jenes komplexen Interaktionsprozesses verstanden, der sich während der Vorführung zwischen *performern* und Publikum vollzog. Dementsprechend ist bei David Rhoads zu lesen:»Meaning is negotiated between the performer, the composition, and the audience. We cannot separate audience from performer. They are in an interwoven, symbiotic relationship.«[33] Wie Rhoads und andere Performanzkritiker immer wieder betonen, wurde dieser interaktive Prozess der Bedeutungskonstitution durch zahlreiche Faktoren bestimmt. Zu diesen Faktoren zählten u. a. die soziokulturelle, ethnische und geschlechtliche Zusammensetzung des Publikums, mögliche schwelende Konflikte innerhalb der zuhörenden Gemeinde bzw. mit dem Autor des vorgetragenen Textes, aktuelle Vorkommnisse im Umfeld der Performanz, Sitzordnungen u. v. a. m.[34] Die oralen Performanzen neutestamentlicher Texte waren mit anderen Worten komplexe soziale Ereignisse, die in ihrer jeweiligen situativen Prägung den Sinn bzw. die Auslegung der Texte maßgeblich formten.

Aus dem bisher Gesagten ergibt sich, dass die Performanzkritik die neutestamentlichen Texte nicht mehr als abgeschlossene Werke betrachtet. Der Fokus verschiebt sich vom Werkgedanken auf den des Ereignisses.[35] Die neutestamentlichen Texte erscheinen in der Performanzkritik nicht als in sich geschlossene Sinngebilde mit einem fixen Bedeutungskern, sondern eher als Partituren oder Drehbücher,[36] die erst im Akt der öffentlichen Aufführung und der darin eingelassenen kommunikativen *feed-back*-Schleife konkrete Bedeutung gewannen und von Aufführung zu Aufführung mit neuen Bedeutungsdimensionen aufgeladen wurden. Vor diesem Hintergrund wird in der neutestamentlichen Performanzforschung betont,»dass es nicht die geschriebenen Texte, sondern diese

---

[32] Vgl. zum Thema insgesamt Shiner, Proclaiming, 143–190.
[33] Rhoads, Performance Criticism, 128.
[34] Vgl. dazu Rhoads, Performance Criticism, 128.179; Oestreich, Performanzkritik, 79–83.87–256; Kirsten Marie Hartvigsen, Prepare the Way of the Lord, Berlin/Boston 2012, passim.
[35] Vgl. dazu die instruktiven Ausführungen über den Paradigmenwechsel vom Werk zum Ereignis im Raum der Theaterwissenschaft bei Fischer-Lichte, Ästhetik, 29f.281–314, u. ö.
[36] Vgl. Gerhard Sellin, Ästhetische Aspekte der Sprache in den Briefen des Paulus, in: Dieter Sänger/Ulrich Mell (Hg.), Paulus und Johannes, Tübingen 2006, 411–426, hier: 411.

Performanz-Ereignisse waren, durch die die christliche Botschaft Bedeutung hatte und verbreitet wurde«.[37] Der große Einfluss und das Gewicht der neutestamentlichen Texte im frühen Christentum ergaben sich mit anderen Worten nicht aus den Buchstaben selbst, sondern aus der sprachlichen und körperlichen, jeweils situativ geprägten Verlautbarung derselben in den besagten Performanzen. Manche Performanzkritiker gehen noch einen Schritt weiter und postulieren, einige neutestamentliche Texte seien überhaupt nicht als Schriften konzipiert worden, sondern verdankten sich rundweg Performanzen. Dies wird namentlich für die Logienquelle erwogen, die entweder vollständig als mündliche Tradition oder aber als sekundäre Verschriftlichung mündlicher Aufführungen betrachtet wird.[38] Mit Blick auf die Evangelien und speziell für das Markusevangelium postuliert Antoinette Clark Wire, der hier verarbeitete Stoff verdanke sich oralen Performanzen, die dann schriftlich eingefroren wurden. Die Evangelien seien komponiert worden »not by individual authors with pens in hand, but orally in performance; that is, they were shaped in the telling … composed over time in an oral performance tradition«.[39] Namentlich beim Markusevangelium handle es sich um »the story of a community told by several favored oral performers rather than … the product of a single writer … It follows that the text cannot be read as a response to a single historical and social setting, rather, the text reflects multiple contexts of composition«.[40] Solche Thesen spreizen sich freilich mit den in der neutestamentlichen Forschung seit Langem diskutierten Versuchen, die Evangelien in der antiken Literatur zu verankern und sie etwa als Biographien (*bioi*) zu verstehen.[41] Etwas unproblematischer sind dagegen Erwägungen zur Aufführung der neutestamentlichen Briefe in den Gemeindeversammlungen. Gleichwohl werden auch hier zahlreiche Spekulationen angestellt. So entwirft Bernhard Oestreich – angelehnt an die antiken Konventionen im Umgang mit administrativen Briefen von Herrschern – ein detailliertes Modell, wie der Empfang von und der Umgang mit Paulusbriefen in den Gemeinden als gestreckter Pro-

---

[37] Oestreich, Performanzkritik, 37.
[38] Vgl. Richard Horsley (Hg.), Oral Performance, Popular Tradition, and Hidden Transcripts in Q (Semeia Studies 60), Atlanta 2006.
[39] Antoinette Clark Wire, The Case for Mark Composed in Performance (Biblical Performance Criticism 3), Eugene 2011, 2.
[40] Wire, Case, 5.
[41] Vgl. nur Richard Burridge, What are the Gospels?, Grand Rapids 20042. Zur Kritik an den Thesen von Wire s. die Rezension von Larry W. Hurtado unter: www.bookreviews.org/pdf/8392_9192.pdf, aufgerufen am 14.11.2013.

zess ausgesehen haben könnte.[42] Und John Paul Heil meint, die Paulusbriefe enthielten im Wesentlichen auf die Verlesung im Gottesdienst hin verfasste rituelle Sprechakte. Er spricht von »epistulary rituals of worship«.[43]

Ungeachtet der Frage nach der Überzeugungskraft all dieser Thesen verdienen einige weitere Spezifika der neutestamentlichen Performanzforschung eine kurze Erwähnung. So geht mit der voranstehend dargelegten Verschiebung des wissenschaftlichen Fokus vom Werk auf das Ereignis eine besondere Aufmerksamkeit für die Aspekte der Unverfügbarkeit, Flüchtigkeit, Präsenz und Emergenz einher. Als Ereignisse, die durch die oben erläuterte »autopoetische *feed-back*-Schleife« geprägt sind, lassen sich Performanzen grundsätzlich nicht strategisch planen. »Weder sind die Reaktionen der Zuschauer vorhersehbar oder komplett kontrollierbar noch auch die Auswirkungen, die sie auf die Akteure und die anderen Zuschauer haben werden.«[44] Die Wirklichkeit von Performanzen ist insofern eine, die »alle Beteiligten … gemeinsam hervorbringen«, die »jedoch von keinem einzelnen vollkommen durchgeplant, kontrolliert und in diesem Sinne produziert werden kann«.[45] Hinzu kommt, dass sich Performanzen anders als schriftliche Dokumente unmittelbar verflüchtigen, dass sie also nur im Augenblick existieren. Sie sind – wie namentlich die amerikanische Performanztheoretikerin Peggy Phelan betont – durch eine Ästhetik der Präsenz, der Singularität wie auch des Verschwindens bestimmt.[46] Die fixen Ordnungen der Identität, der Repräsentation und Reproduktion werden darin unterspült, wodurch sich Räume des Unverfügbaren und Unvorhersehbaren öffnen, in denen Neues hervorbrechen und Platz greifen kann. Theologisch gesehen mag man darin Erfahrungen des Geistes ausgemacht haben. Aber auch das pointierte paulinische »Jetzt«, welches das heilsgeschichtliche Handeln Gottes in Christus (Röm. 3,21.26; 5,9.11; 7,6; 8,1; 11,30f.; 2. Kor. 5,16; 6,2; Gal. 4,29) und die darin verankerte, wesentlich über die Taufe vermittelte subjektiv-individuelle Heilsaneignung (6,19.21f.; Gal. 2,20) markiert, erhielt vor dem Hintergrund der den Performanzen immanenten Ästhetik der Präsenz ein ganz eigenes Gewicht. In diesem

---

[42] Vgl. Oestreich, Performanzkritik, 65–70.
[43] Vgl. John Paul Heil, The Letters of Paul as Rituals of Worship, Eugene 2011. Heil geht freilich von 13 authentischen Paulusbriefen im Neuen Testament aus.
[44] Fischer-Lichte, Ästhetik, 67.
[45] Fischer-Lichte, Ästhetik, 80.
[46] Vgl. Peggy Phelan, Unmarked. The Politics of Performance, London/New York 1993; vgl. dazu Schumacher, Performativität, 393–397, der ebd. mit Recht auf Probleme der bei Phelan anklingenden Metaphysik der Präsenz hinweist.

Zusammenhang gilt es überdies zu erwähnen, dass die oralen Performanzen von den Rezipienten einforderten, sich grundsätzlich auf die gesamte Welt des Textes als gegenwärtiges Geschehen einzulassen. Unterbrechungen oder auch Prozeduren des Vor- und Zurückspringens im Text, wie sie Lesenden ohne Probleme möglich waren und sind, wurden hier sicher kaum praktiziert. Die Wahrnehmung der Texte als Ganzheit im Akt der oralen »Präsentation« stellt nun aber eine Rezeptionsform dar, die sich vom exegetischen Zugang vermittels eingehender Lektüre doch stark unterscheidet.[47] Hinzu kommt der Aspekt der Materialität bzw. Körperlichkeit der Kommunikation. Diesbezüglich notiert Whitney Shiner: »The experience of oral recitation is much different from silent reading. Silent reading involves eye and brain. An oral performance involves the ear, the eye, and whole body.«[48] In den oralen Performanzen begegnen die Texte gewissermaßen in verkörperter Form, eingelassen in die Welt der Körpersprache. Über das rein intellektuelle Verstehen hinaus wird das Gesagte dergestalt »erlebt«. Dazu heißt es bei Bernhard Oestreich: »Dieses mit allen Sinnen des Körpers aufgenommene Erlebnis ... erschließt zusätzliche Deutungsmöglichkeiten, die über das hinausgehen, was im aufgeführten Stück oder präsentierten Text steht.«[49] Die oralen Performanzen ermöglichten folglich ein besonderes »Verstehen mit dem Körper«, das dann seinerseits wohl auch neue intellektuelle Zugänge eröffnete.[50]

Aber auch die Welt der Emotionen wurde in den oralen Performanzen in besonderer Weise angesprochen. Whitney Shiner stellt diesbezüglich heraus: »[I]n the ancient Mediterranean world oral performance was generally oriented toward emotional impact.«[51] Diese emotionale Dimension der Performanzen zu ergründen, fällt freilich schwer. Shiner meint, Schilderungen der Gefühle Jesu und anderer Personen im Markusevangelium (Mk. 1,41; 3,5; 10,14; 14,33) böten insofern einen Schlüssel, als die *performer* diese wohl auch im Publikum zu wecken versucht hätten, denn: »[I]t is hard to imagine anyone writing a narrative so full of emotional twists and not intending them to be emphasized through an emotional reading.«[52] Dies ist allerdings hochspekulativ. Ungeachtet dessen gilt es zu sehen, dass sich die oralen Aufführungen in jedem Fall in der einen oder anderen

---

[47] Vgl. dazu Oestreich, Performanzkritik, 70f.; Rhoads, Performance Criticism, 175.
[48] Shiner, Proclaiming, 1. Das komplexe Thema der Körperlichkeit von Performanzen kann hier nicht vertieft werden; vgl. dazu Fischer-Lichte, Ästhetik, 129ff.
[49] Oestreich, Performanzkritik, 59.
[50] Vgl. Oestreich, Performanzkritik, 49f.
[51] Shiner, Proclaiming, 57.
[52] Shiner, Proclaiming, 69.

Weise auf das Gemeinschaftsgefühl auswirkten. So hebt David Rhoads hervor: »Communities regularly appropriated and re-appropriated the oral compositions as their means to build, maintain, and change the identity of the community.«[53]

Die Flüchtigkeit der oralen Performanzen stellt nun aber eine besondere Herausforderung für die historische Forschung dar. Die Aufführungen selbst lassen sich schließlich nicht rekonstruieren. Sie sind auch auf theoretischer Ebene unwiederholbar. Dies räumt David Rhoads ausdrücklich ein, wenn er schreibt: »We cannot recover any of these myriad live performances among early Christians.« Er fährt dann aber fort: »Nevertheless, we have the ›scripts‹ to analyze. The written compositions give many explicit expressions reflecting and guiding the oral performance.«[54] Das Bemühen, anhand der »scripts« die Konturen der gewesenen Performanzen bzw. die Performanzdynamik des frühen Christentums zu erschließen, hält Rhoads nun für unabdingbar. Er schreibt: »Interpreting the Second Testament writings without taking account of the dynamics of oral performance can lead to misconceptions and misjudgments about their potential for meaning and their possible rhetorical effects. Taking oral performance into account may enable us to be more precise in our historical re-constructions and more faithful in our interpretations.«[55] Um die vielfältigen Dimensionen der oralen Performanzen besser ergründen zu können, schlagen Performanzkritiker sogar vor, die Texte selbst vor Publikum aufzuführen. Darin weicht die Performanzkritik nun freilich radikal vom historisch-kritischen Paradigma ab. Es bleibt abzuwarten, ob und inwieweit sie sich im Raum der neutestamentlichen Exegese zu etablieren vermag.

3. Räume des Performativen im Neuen Testament

Selbstverständlich lässt sich die Performanztheorie auch jenseits des »performance criticism« auf vielfältige Weise in der neutestamentlichen Forschung fruchtbar machen. Dies gilt umso mehr, als die antike griechisch-römische Welt, in der die neutestamentlichen Schriften wurzeln, in besonderem Maß eine Zivilisation des Schauspiels war.[56] Sowohl die offizielle Politik wie auch der private

---

[53] Rhoads, Performance Criticism, 124.
[54] Rhoads, Performance Criticism, 127.
[55] Rhoads, Performance Criticism, 126.
[56] Vgl. dazu neben Michel Foucault, Überwachen und Strafen, Frankfurt a. M. 1977, 278 v. a. Florence Dupont, L'acteur-roi ou le théâtre dans la Rome antique, Paris 1985.

Alltag der Menschen waren durch theatrale Strukturen, Inszenierungen und Performanzerfahrungen geprägt. Speziell während der Kaiserzeit hatten theatrale Darbietungen Hochkonjunktur. Vor diesem Hintergrund konnte die Welt als Bühne und das private Leben als Schauspiel (*mimus vitae*) gedeutet werden (vgl. Sueton, Aug 99; Seneca, Ep 80,6–8). Zu den besagten Performanzen zählten neben den szenisch-künstlerischen Darbietungen im Theater diverse Spiele (*ludi*) wie Wagenrennen, Triumphzüge, Gladiatorenkämpfe und Tierschauen bzw. -hetzen sowie sportliche Wettkämpfe diverser Art (*agones*). All diese Veranstaltungen und Vorführungen lassen sich als kulturelle Performanzen (*cultural performances*) begreifen. Das heißt, in diesen Darbietungen präsentierte sich die kaiserzeitliche Kultur in ihren zentralen Wert- und Normvorstellungen paradigmatisch vor sich selbst (wie auch vor anderen) und reproduzierte sich darin je und je von Neuem.[57] Die antike Bühne, die Arena und das Stadion fungierten mithin als Orte, an denen die etablierten sozial-hierarchischen Distinktionen, die Geschlechterrollen, die anerkannten Tugenden, die für das Sozialleben elementare Distribution von Ehre und Schande und vor allem auch die politischen Strukturen auf vielfältige Weise öffentlich inszeniert und darin fortwährend restituiert wurden. Die innere Stabilität und der politische Konsens im Imperium Romanum ruhten nicht zuletzt auf der Prägekraft dieser Performanzen und einer entsprechend effektvoll und nachhaltig betriebenen imperialen Schauspielpolitik (vgl. Augustus, Res gestae 22f.).[58] Die besagten kulturellen Performanzen ließen sich aus römischer Perspektive überdies in die urbanen Zentren der Provinzen

---

[57] Das Konzept der »kulturellen Performanzen« geht auf den amerikanischen Ethnologen Milton Singer zurück. In seinen Studien zur indischen Kultur formulierte er die wegweisende Einsicht, dass kulturelle Inhalte großer Traditionen bei bestimmten Anlässen in konkreten kulturellen Medien organisiert und über diese weitervermittelt würden. Diese »particular instances of cultural organization« belegte er mit dem Begriff der »cultural performances«. Als Beispiele verwies er auf Hochzeiten, Tempelfeste, Vortragsstücke, Spiele, Tänze und Musikkonzerte. In solchen einzelnen Darbietungen verdichte sich das Selbstverständnis einer Kultur maßgeblich und würde dergestalt sowohl Mitgliedern der eigenen Kultur wie auch Außenstehenden vorgeführt (vgl. Milton Singer, Traditional India, Philadelphia 1959, bes. xii). Dieser Ansatz wurde von zahlreichen Kulturanthropologen dahingehend weiterentwickelt, dass der Aspekt der Repräsentation des kulturellen Selbstverständnisses um den der Produktion des kulturellen Selbstverständnisses erweitert wurde. So verstand Clifford Geertz in seinem berühmten Hahnenkampfessay das balinesische Ritual gleichermaßen als Repräsentation *und* Ausdruck balinesischer Lebensart. Kulturpräsentation und Kulturproduktion, Weltkonstitution und Welterschließung gingen darin in performativer Weise Hand in Hand (vgl. Clifford Geertz, Deep Play, in: Ders., Dichte Beschreibung. Beiträge zum Verstehen kultureller Systeme, Frankfurt a. M. 1991², 202–260).

[58] Vgl. dazu grundsätzlich Jean-Marie André, Griechische Feste, Römische Spiele, Leipzig 2002, 203ff.; Erik Gunderson, The Ideology of the Arena, in: Classical Antiquity 15 (1996), 113–151.

exportieren, wo sie der Produktion (pro-)römischer Subjekte respektive der soziokulturellen Assimilierung an Rom Vorschub leisteten.

Im Neuen Testament begegnen nun ebenfalls diverse Performanzen und performative Prozesse, die allerdings ganz eigene Schwerpunkte setzten und darin die hegemoniale soziopolitische und kulturelle Ordnung bisweilen subversiv unterminierten. Dies gilt namentlich für die zentralen rituellen Performanzen des frühen Christentums, also für die Taufe und das Herrenmahl, ferner für die Verkündigung des Wortes vom Kreuz. Aber auch die Exorzismen Jesu lassen sich auf ihre Weise performanztheoretisch erhellen. Hier können nur wenige Blicke auf diese komplexen Themen geworfen werden.

Zunächst zur paulinischen Kreuzespredigt. Diese geht unverkennbar mit einer performativen Inversion der hergebrachten Distributionen von Ehre und Schande einher. Paulus führt dies in 1. Kor. 1,18–2,16 eindrücklich vor. Gleich im ersten Teil des Abschnitts setzt er die herkömmlichen weltlichen Maßstäbe in einen expliziten Kontrast zu den göttlichen (1,18–25): Während die Welt Weisheit und Stärke als Ausweis von Ehre beurteilt, offenbart das Kreuz, dass Gott das Törichte und Schwache ehrt und somit das vermeintlich Schandhafte mit Ansehen ausstattet. Gott hat insofern am Kreuz Christi alle Weisheit der Welt verworfen und seine Dynamis wider alle irdische Konvention an den gekreuzigten Christus und seine Proklamation gebunden. Der göttliche Maßstab, die göttliche Weisheit, konterkariert, ja invertiert dergestalt den antik-mediterranen kulturellen Basiscode von Ehre und Schande rundweg. Diese im Kreuz Christi konzentrierte Inversion der geltenden Maßstäbe reflektiert sich, wie Paulus im Folgenden zeigt, auf der sozialen Ebene in der göttlichen Erwählung jener Mehrzahl von korinthischen Gemeindegliedern, die von niederem sozialen Ansehen sind (1,26–31), auf der individuellen Ebene im schwächlichen Auftritt des Apostels vor der Gemeinde (2,1–5) und schließlich auf der kosmischen Ebene in der Kontrastierung des Geistes bzw. der Weisheit dieser Welt (durch die nach Paulus zumal die Archonten respektive die weltlichen Machtstrukturen fehlgeleitet werden) mit dem gleichsam die Tiefe des Seins wie auch Gottes durchdringenden göttlichen Geist (2,6–16). Wichtig ist: Der Logos vom Kreuz besteht nicht etwa in einer bloßen Beschreibung der Inversion der Werte und Ordnungen, er stellt diese Inversion performativ her. Um dies zu verstehen, gilt es sich zu vergegenwärtigen, dass die Kreuzigung in der Antike als eine der grausamsten Hinrichtungsformen galt. Sie war mit Schrecken und Angst, mit Schande und Unreinheit besetzt, ja selbst das Wort »Kreuz« vermochte abzustoßen.[59] Vor diesem Hintergrund liegt folgende

Dynamik der Kreuzespredigt auf der Hand: Der Mensch, der sich all diesen mit dem »Kreuz« verbundenen negativen Gefühlen und Assoziationen aussetzte, diese aber mit Paulus als Heilsbotschaft aufzunehmen wusste, erlebte darin eine umfassende Transformation, und zwar insofern, als er/sie damit notgedrungen eine neue, von den herkömmlichen Wertestandards abweichende Sicht auf die Welt übernahm, woraus ihm/ihr eine neue Identität erwuchs und sich ein neues soziales Netz auftat. Denn wer den Gräuel, den Schrecken und die Scham des Kreuzestodes Christi als Heilskraft, Heilsdynamis zu erfassen vermochte, der separierte sich dadurch *de facto* vom hergebrachten symbolischen Universum und dem konventionellen Wertesystem, dem entstand daraus zwangsläufig eine neue Identität und der trat durch diese in ein neues Netz sozialer Beziehungen ein, nämlich in die Gemeinschaft derjenigen, die die besagte Weltsicht und Identität teilten.[60] Die eminent performative Kraft der Kreuzespredigt deutet sich bei Paulus nicht zuletzt auch darin an, dass er das Evangelium und den Logos vom Kreuz ausdrücklich als »Kraft Gottes zur Rettung« (Röm. 1,16; 1. Kor. 1,18; vgl. 1. Thess. 1,5) charakterisiert. Das verkündigende Wort sagt demnach das Heil nicht nur an, es vollzieht, was es sagt, nimmt die Hörenden ins Heil (bzw. bei Ablehnung ins Unheil) hinein und verändert sie darin in ihrem soteriologischen Status, worin – wie die Briefe des Apostels durchweg bezeugen – eine umfassende Existenzverwandlung im Hier und Jetzt inkludiert ist.[61]

Performative Kraft eignete aber zumal auch den rituellen Performanzen der Taufe und des Herrenmahls. Die vielfältigen Bedeutungen und performativen Effekte dieser beiden Rituale können hier nicht im Detail ausgeleuchtet werden. Es muss genügen, einen Aspekt herauszugreifen, nämlich den der rituellen Re-Aktualisierung des Todes Jesu (vgl. Röm. 6,3–5; 1. Kor. 10,16f.; 11,23–30; Mk. 10,38f.; 14,22–25) und der darin eingeschlossenen performativen Effekte. Diese bestehen, liest man die einschlägigen neutestamentlichen Stellen aufmerksam, nicht zuletzt in einer performativen Unterminierung der Fundamente der politischen Souveränitätsmacht. Dazu gilt es sich zu vergegenwärtigen, dass die öffentliche Inszenierung des Todes in der antiken römischen Welt aus machtpolitischem Interesse besonders exzessiv betrieben wurde. Neben den publikums-

---

[59] Vgl. dazu Martin Hengel, Mors turpissima crucis, in: Johannes Friedrich u. a. (Hg.), Rechtfertigung, Tübingen/Göttingen 1976, 125–184.

[60] Einzelheiten bei Christian Strecker, Die liminale Theologie des Paulus, Göttingen 1999, 248–299.

[61] Eine genaue Untersuchung des paulinischen Kreuzeslogos als »performative Äußerung« bietet Alexandra R. Brown, The Cross and Human Transformation, Minneapolis 1995.

wirksamen Hinrichtungen mittels Enthauptung und Kreuzigung, die das unumschränkte Recht des Souveräns, »sterben zu machen«[62], sichtbar manifest werden ließen, dokumentieren dies zumal die Inszenierungen des Todes samt dessen Bewältigung in der Arena. Die dort mit erheblichem Aufwand organisierten Aufführungen diverser Situationen aggressiver Lebensbedrohung und deren Beherrschung durch Disziplin, Furchtlosigkeit und Technik schrieben die römischen Tugenden und die Herrschaftsattitüde gleichsam in die Zuschauenden ein. In den Kämpfen mit wilden Tieren wurde dabei die Macht über die gefahrvolle Natur, in den brutal inszenierten Hinrichtungen die Macht über Gesetzlosigkeit bzw. politische Feinde und in den eigentlichen Gladiatorenkämpfen die Macht des Starken und Mutigen über den Tod zelebriert und innerlich angeeignet.[63] Die strenge Sitzordnung in der Arena (vgl. Sueton, Aug 44) und die dort herrschenden Verhaltenscodices machten überdies die sozialen Unterschiede und Geschlechterrollen wie auch das Prestige der herrschenden politischen Autoritäten manifest.

In Taufe und Herrenmahl wurde nun der politisch motivierte öffentliche Tod Jesu rituell angeeignet und in den Dienst einer sozial inklusiven Lebensform gestellt, die als solche ein Gegenmodell zu der auf Hierarchie, Differenz und Exklusion gründenden Souveränitätsmacht darstellte. So begegnen die beiden Rituale bei Paulus als Brennpunkte einer egalitären, auf Inklusivität und Minimierung bestehender Differenzen bedachten Gemeinschaft: In Gal. 3,27f. gibt der Apostel zu verstehen, dass die Taufe auf Christus und die darin vollzogene Christusbindung (»ihr habt Christus angezogen«) mit einer Relativierung bzw. Minimierung der tief in das gesellschaftliche Gefüge eingeschriebenen ethnischen, sozialen und geschlechtlichen Unterschiede einhergeht (s. auch 1. Kor. 12,13[64]). Und mit Blick auf das Abendmahl spricht Paulus in 1. Kor. 10,17 explizit von dem »einen Leib«, zu dem die »vielen« während des Rituals zusammengeschlossen werden. Dieser Leib ist die soziale Gemeinschaft der Gemeinde. Wie

---

[62] Die Formulierung geht auf Michel Foucault zurück, dem zufolge die klassische Souveränitätsmacht auf dem Recht beruhte, »sterben zu machen und leben zu lassen«, während die neuzeitliche »Biomacht« auf dem »Recht, leben zu machen und sterben zu lassen« basiert; vgl. dazu im Näheren Michel Foucault, Der Wille zum Wissen, Frankfurt a. M. 1983, 161–190; s. auch Ders., In Verteidigung der Gesellschaft, Frankfurt a. M. 1999, 276–305.

[63] So mit Thomas Wiedemann, Kaiser und Gladiatoren. Die Macht der Spiele im antiken Rom, Darmstadt 2001, 99–107, u. ö.

[64] Die Einebnung der ethnischen und sozialen Unterschiede wird hier nicht nur mit der Taufe, sondern wohl auch mit dem Abendmahl assoziiert. Darauf dürfte die Notiz am Ende des Verses deuten: »alle wurden wir mit einem Geist *getränkt*«. Vgl. dazu Strecker, Liminale Theologie, 320, mit Anm. 93.

sich dann in 1. Kor. 11,17–34 zeigt, versteht der Apostel diese Gemeinschaft als eine solche, in der sich die in der Taufe konstituierte Transzendierung gesellschaftlicher Statusklassifizierungen fortwährend neu konstituiert und realisiert. Energisch wehrt er sich dagegen, dass im Rahmen des Herrenmahls soziale Differenzen ausagiert werden. Er sieht darin ein nicht hinnehmbares Vergehen gegen das im Mahl reaktualisierte Christusgeschehen, ein Vergehen, das für ihn unmittelbar von Gott gerichtet wird (1. Kor. 11,27–34). Von Seiten der Ritualtheorie her lässt sich diese an Taufe und Abendmahl rückgebundene soziale Inklusivität als »Communitas« beschreiben. Dieser Fachterminus steht für die in vielen rituellen Prozessen beobachtbare faktische Konstituierung nichtalltäglicher Sozialbeziehung unter rituellen Subjekten, bei der die herkömmlichen soziokulturellen Distinktionen weithin als aufgehoben gelten. Die Communitaserfahrungen können freilich über den engen rituellen Rahmen hinaus in den Alltag hineinwirken und zur Entwicklung alternativer Lebensstile verhelfen.[65] Vom Gesamtbild der paulinischen Theologie ist deutlich, dass Paulus dies voraussetzt.[66] Wichtig ist nun in alledem: Für Paulus wurde der Leib Christi offenbar in Taufe und Herrenmahl performativ Wirklichkeit, und zwar in Gestalt einer inklusiven Gemeinschaft bzw. Lebensform, die die Strukturen der durch die Souveränitätsmacht bestimmten Welt durchkreuzt.

Vergleichbares deutet sich im Übrigen auch im Markusevangelium an, nämlich im impliziten Kontrast der auf das Abendmahl vorausweisenden und Leben spendenden, inklusiven Speisungswunder (Mk. 6,30–44; 8,1–9) zum todbringenden, exklusiven Gastmahl des Souveräns Herodes Antipas, bei dem das Haupt des Täufers auf einer Speiseplatte präsentiert wurde (Mk. 6,21–29). Deutlicher noch wird die performative Unterminierung der Souveränitätsmacht freilich in Mk. 10,35–45 greifbar, folgt dort doch auf Jesu Rede vom Kelch und der Taufe, mit welcher er auf seinen Tod und den der Zebedaiden, zugleich aber auf die beiden zentralen Rituale anspielt, eine Jüngerbelehrung, in der die Jüngergemeinschaft als Kontrastmodell zu den politischen Herrschaftsstrukturen der Souveränitätsmacht erscheint. Taufe und Abendmahl begegnen so auch bei Mar-

---

[65] Näheres bei Strecker, Liminale Theologie, 45f.55–62.
[66] Vgl. dazu im Näheren Christian Strecker, Auf den Tod getauft – ein Leben im Übergang, in: Martin Ebner u. a. (Hg.), Leben trotz Tod (JBTh 19 [2004]), Neukirchen-Vluyn 2005, 259–295, hier: 292f.

kus als rituelle Orte der performativen Konstitution einer politischen Kontrast-wirklichkeit in Form einer inklusiven Dienstgemeinschaft.[67]

Auf ganz andere Weise vermag die Performanztheorie schließlich auch die Exorzismen Jesu zu erhellen. Die im Neuen Testament geschilderten Fälle von Besessenheit lassen sich nämlich als performative Interaktionsprozesse begreifen. Die Besessenen aktivierten danach in dramatischer Form *coram publico* jenes Rollenmuster, das in ihrer Gesellschaft als Indiz für Besessenheit galt. Diese »performance« des Musters brachte im Sinne eines performativen »effet de réel« die dämonische Wirklichkeit hervor. Die Exorzismen Jesu lassen sich dann als ihrerseits performative Aufsprengung der besagten dämonischen Wirklichkeit verstehen, kraft derer die Identität der Besessenen neu konstituiert, ihre Platzordnung in der sozialen Arena neu geregelt und die kosmische Ordnung durch den in den Exorzismen sichtbaren Einbruch der Basileia Gottes neu fundiert wurde.[68]

Auch wenn in diesem Beitrag Vieles nur kurz angedeutet werden konnte und man über manche Thesen streiten mag, wird doch eines deutlich: Austins vermeintlich »garstiges Wort« (»performativ«) hat mit Recht eine erstaunliche Karriere gemacht. Es eröffnete viele neue Perspektiven.

(Prof. Dr. Christian Strecker ist Professor für Neues Testament an der Augustana-Hochschule in Neuendettelsau)

ABSTRACT

This essay starts with a summary on John Austins speech act theory and its significance for the emergence of performance studies. It offers a definition of the German technical term »Performanz« as umbrella term for both »performativity« and »performance«. There then follows an overview of performance criticism in New Testament studies. It presupposes that New Testaments writings were remnants of oral performances. This has several consequences for the understanding of the material contained in the New Testament texts. Against the backdrop of Roman imperial cultural performances the essay finally investigates the performative power of Paul's proclamation of the cross, of the rites of baptism and the Lord's supper as well as Jesus' exorcisms.

[67] Zu Einzelheiten der hier nur angerissenen Zusammenhänge vgl. Christian Strecker, Macht – Tod – Leben – Körper, in: Gerd Theißen/Petra v. Gemünden (Hg.), Erkennen und Erleben, Gütersloh 2007, 133–153, hier: 144–148.

[68] Genaueres bei Christan Strecker, Jesus und die Besessenen, in: W. Stegemann u. a. (Hg.), Jesus in neuen Kontexten, Stuttgart 2002, 53–63.

Von Mördern und Heiligen

Repräsentationen des Sakralen in der lateinamerikanischen *narcocultura*

Albrecht Buschmann

Es kann nicht überraschen, dass in Lateinamerika mit seinen seit der Conquista vom Katholizismus geprägten Kulturen eine große Vielfalt an Repräsentationen des Sakralen entstanden ist. In jüngster Zeit fällt allerdings auf, dass sich diese Repräsentationen von ihrem Bezugsrahmen (der Verkündigung, der frohen Botschaft, wie auch immer man es benennen mag) lösen und mit den von populärkulturellen Einflüssen dominierten Repräsentationen von Gewalt hybride Verbindungen eingehen. Höchst interessant für die Wissenschaft sind hierbei vor allem die Selbstdarstellungen der zentral- und südamerikanischen Drogenwelt wie auch der Blick auf die diktionalen und fiktionalen Darstellungen dieser Welt in Literatur und Film. Der folgende Beitrag möchte eine Auswahl dieser Repräsentationen des Sakralen vorstellen und sie vor dem Hintergrund der aktuellen Gewaltforschung (v. a. von Jan Philipp Reemtsma) als performative Akte lesen. Diese Lektüre ist die eines Literatur- und Kulturwissenschaftlers, der das Sakrale nicht religionswissenschaftlich, die Gewalt nicht soziologisch und das Performative weder theater- noch ritualgeschichtlich zu diskutieren vermag. Vielmehr soll es darum gehen, ein Forschungsfeld kulturwissenschaftlich vorzustellen.

Die *narcocultura* als Teil der zentralamerikanischen Alltagskultur

Mit »narcocultura«, was nur annähernd mit »Welt der Drogen« oder »Drogenkultur« zu übersetzen wäre, wird in der spanischsprachigen Presse wie in der Wissenschaft seit den 1980er-Jahren eine Fülle von kulturellen Phänomenen bezeichnet, die mit der Welt der Drogenproduktion und des Drogenhandels in Beziehung stehen, wie sie in erster Linie in Mexiko, aber auch in Mittel- und Südamerika entstanden sind. Doch vor allem Mittelamerika ist, als Zone intensiven bi- und multinationalen Kulturkontakts, als Drogenanbau- und Transportgebiet, Produzent kultureller Codes zum Verständnis dieser Welt, treffen hier doch, auf dem Weg zur Grenze zwischen den USA und Mexiko, Migranten aus ganz Süd- und Mittelamerika aufeinander. In dieser Kulturkontaktzone bilden sich in vielfältiger intermedialer Überlagerung neue Rede- und Handlungsgewohnheiten aus, in denen beispielsweise Kinofilme aus den USA Verhaltensweisen von salvadorianischen Jugendbanden mitbestimmen, in Mexiko gängige Musik- und Gesangsformen umgekehrt in den USA neue Videoclip-Ästhetiken beeinflussen usw.

Exemplarisch hierfür kann der sogenannte »narcocorrido« erwähnt werden, eine im nördlichen Mexiko gepflegte und von der staatlichen Obrigkeit seit den 1990er-Jahren vergeblich bekämpfte Art des Lob- und Preislieds auf einen (führenden) Angehörigen eines Drogenkartells: In ihr verbinden sich alte Sing- und Erzählformen, die ihren Ursprung in mittelalterlichen spanischen »romances« haben und ursprünglich in der mexikanischen Mestizen-Kultur der Nachrichtenverbreitung dienten; schon zur Zeit der mexikanischen Revolution wurde die Form auch zur Verbreitung kritischer politischer Texte genutzt, so etwa in dem Lied »La cucaracha«, das auch in Europa bekannt ist. Seit den 1970er-Jahren entwickelte sich die Form mehr und mehr zum Lobgesang auf die kriminellen Milieus Nordmexikos: Gruppen wie *Los tigres del norte* oder *Los tucanes de Tijuana* sind mit Liedern wie »Mis tres animales« oder »La granja« beim breiten Publikum höchst erfolgreich, erwirtschaften Millioneneinnahmen und verbreiten mit ihren Texten das (positive) Bild der gegen die Oberen, den Staat, die Yankees sich behauptenden und sozial wohltätigen *Narcos*. Dabei folgen ihre auf Youtube leicht zugänglichen Videos wie auch die dort von ihren Hörern beinahe liebevoll mit Illustrationen unterlegten Lieder einer festen Ikonographie: Gezeigt werden große Geländewagen, als Fetisch inszenierte Waffen neben Bündeln von Dollarscheinen,[1] die zusammen als Emblem einer materialistischen, gewaltbereiten und machistischen Kultur fungieren. Es ist eine Kultur, in der auch die Künstler gefährlich leben: Im Jahr 2006 wurde der Sänger Valentín Elizade ermordet, vermutlich von Konkurrenten des Sinaloa-Kartells, dem er (und seine Musik) nahegestanden haben soll.

---

[1] So etwa hier: www.youtube.com/watch?v=zWnsgxM0jx8 (15.9.2013).

Eine spanische Musikform wird in Mexiko zur (sozialkritischen) Gesangs-form, die sich unter Einschluss von Versatzstücken US-amerikanischer Populär-kultur zu Robin-Hood-artiger Verherrlichung gewalttätiger Drogenkartelle ent-wickelt.[2] Vergleichbare Transformationen lassen sich nun auch für religiöse Ri-tuale beobachten, von denen hier exemplarisch drei vorgestellt werden sollen: die der Verehrung eines eigenen Drogen-Heiligen, des »narcosanto«, in der mexika-nischen Provinz Sinaloa; die Darstellung von Aufnahmeritualen in den soge-nannten *maras*, zentralamerikanischen Jugendbanden, in dem Dokumentarfilm *La vida loca* von Christian Poveda und dem Spielfilm *Sin nombre* von Cary Fu-kanaga und schließlich die Marienanbetung vor Auftragsmorden in dem kolum-bianischen Roman *La virgen de los sicarios* von Fernando Vallejo sowie in des-sen Verfilmung von Barbet Schröder.[3]

Besondere Aufmerksamkeit soll dabei dem performativen Einsatz der Körper bzw. deren Repräsentation in medialen Repräsentationen gelten. Dabei stütze ich mich einerseits auf Erika Fischer-Lichtes Theorie zur Körperlichkeit und ihrer Performance in Kunst und Theater, die sie nicht zufällig aus Feldbeobachtungen herleitet, die in der hispanischen Kultur bis heute präsent sind wie z. B. Geiße-lung als noch immer lebendige Praxis etwa bei Karfreitagsritualen. Der Körper, so Fischer-Lichte, werde in solchen Ritualen zum Zeichen, er wird zum Signifi-kanten und seine Botschaft das Signifikat.[4] Körperlichkeit, Ritual und religiöse Zuschreibung sind damit performativ miteinander verknüpft. Doch stellt sich die Frage, welche Funktion solche Verknüpfungen haben. Mit Blick auf Victor Tur-ners Thesen über rituelle und theatrale Performance drängt sich an dieser Stelle der Gedanke auf, dass man Rituale nicht nur als gesellschaftsstabilisierend be-trachten könne, da sie vielmehr auch kulturelles Veränderungspotenzial aufwei-sen. Daran erinnert Doris Bachmann-Medick, wenn sie dafür plädiert, Rituale als transformative Handlungen aufzufassen, die den Zweck haben, »die mit ge-sellschaftlichen Übergängen ... verbundenen Irritationen und Herausforderun-gen, Gefährdungen oder gar Bedrohungen der sozialen Ordnung« zu regeln.[5] Diese Thesen gilt es zu überprüfen.

[2] Zu Geschichte und Wirkung der »narcocorridos« vgl. Francisco Manzo Robledo, Del Romance español al narcocorrido mexicano, México D. F. 2007.
[3] Fernando Vallejo, La virgen de los sicarios, Madrid 1994; dt. Die Madonna der Mörder, Wien 2001; verfilmt von Barbet Schroeder, La virgen de los sicarios, 2000.
[4] Vgl. Erika Fischer-Lichte, Ästhetik des Performativen, Frankfurt am Main 2004, 51f.
[5] Doris Bachmann-Medick, Cultural Turns. Neuorientierungen in den Kulturwissenschaften, Reinbek 2009, 115.

Jesús Malverde – die Anbetung eines »Drogenheiligen«

Betrachten wir zunächst die Transformation eines Verehrungsrituals. In der Stadt Culiacán, in der nordmexikanischen Provinz Sinaloa gelegen, in der das gleichnamige Drogenkartell ein wichtiger ökonomischer Akteur ist, existiert eine Kapelle, die dem Schutzheiligen der im Drogengeschäft Tätigen zu Ehren errichtet ist.[6] Hier kann man um Beistand für seine Geschäfte beten, nach erfolgreichen Geschäften »narcocorridos« zu seinen Ehren darbieten oder eine Dankesplakette anbringen lassen, wie sie aus katholischen Kirchen vor allem Italiens und Spaniens bekannt sind. Jesús Malverde ist der Name dieses populären »narcosanto«, eines Heiligen, der vom Vatikan selbstredend nicht anerkannt ist.

Über die historische Person Malverdes ist wenig bekannt. Er war wohl ein Bandit im Porfiriat, der frühen Phase der mexikanischen Revolution, und wurde am 3. 5. 1909 hingerichtet; sein Todestag ist heute Wallfahrtstag. Er soll die Reichen beraubt und die Armen beschenkt haben – dokumentiert ist davon wenig. Dargestellt wird er immer gleich, mit schwarzem Schnurrbart und weißem Anzug. Im lokalen Rahmen ist die Figur überaus populär, wie sich an einer nach ihm benannten lokalen Biermarke, an Schmuckstücken wie Ohrringen oder Nails sowie »narcocorridos« über ihn belegen lässt.[7]

Im Fall dieses Heiligen werden die tradierten Muster traditioneller Heiligenverehrung in eine vom (gewalttätigen) Drogenhandel bestimmte Welt übernommen und transformiert. Statt Heilung oder Wunder zu vollbringen, soll der historische Akteur Verbrechen zu einem guten Zweck verübt haben, wobei sich das Fehlen von gesichertem Wissen über ihn wie die Abwesenheit seines Körpers in idealer Weise verbinden, damit er als Projektionsfläche neu beschrieben werden kann. Gerade der abwesende Körper ohne Narrativ macht es möglich, den letztlich austauschbaren Akteur zum Heiligen zu erklären und zum Schutzpatron der Drogenmafia umzumodeln. Dass er zugleich Teil der Populärkultur der Region ist – sonst könnte die Biermarke seines Namens schwerlich ökonomisch erfolgreich sein –, belegt die tiefe Verankerung der Drogen- in der Alltagskultur. Offensichtlich bedient das Verehrungsritual um seine Figur damit über die krimi-

---

[6] Wie etwa in diesem Nachrichtenbeitrag zu sehen: www.youtube.com/watch?v=H6Y2JrpxPGc (15.9.2013).
[7] Vgl. Jungwon Park, Sujeto Popular entre el Bien y el Mal. Imágenes Dialécticas en »Jesús Malverde«, in: Ciberletras. Revista de crítica literaria y de cultura, 17 (2007) (http://www.lehman.edu/faculty/guinazu/ciberletras/v17/park.html).

nelle Welt hinaus ein soziales Orientierungsbedürfnis, das weder von der offiziellen Kirche noch von staatlichen Institutionen ausreichend bedient werden kann.

La mara – Aufnahmerituale in Jugendbanden

Wie der Körper und die performativ inszenierte Gewalt am Körper in neu entstehenden sozialen Zusammenhängen gruppenbildend wirken, lässt sich gut anhand der Praxen zentralamerikanischer Maras beschreiben. Maras, das sind Jugendgangs, die im Exil-Milieu junger Salvadorianer in Los Angeles entstanden, die Anfang der 1980er-Jahre dorthin geflohen waren wegen des Bürgerkriegs in El Salvador. Nach dem Ende des Bürgerkriegs wurden die jungen Männer aus den USA ausgewiesen, was einen Import dieser Bandenstruktur in ein von jahrzehntelangem Krieg ausgepowertes El Salvador bedeutete. Die bekanntesten Maras sind die (untereinander verfeindeten) »Mara Salvatrucha« sowie die »Mara 13«, die heute v. a. in den USA und Zentralamerika verbreitet sind, aber auch in Spanien, mehrere 100.000 Mitglieder zählen und im Drogen- und Waffenhandel, im Prostitutionsgewerbe und im Eintreiben von Schutz- und Wegezöllen agieren.[8]

Für das Auftreten der Maras ebenso wie für unsere Leitfrage wichtig ist die Tatsache, dass Maras – anders als Mafia-Organisationen – ihre Existenz nach außen nicht leugnen und nicht geheim auftreten, sondern sich offen in den von ihnen beherrschten Stadtvierteln zeigen. Ihr Erfolg rührt u. a daher, dass sie gleichsam als Familienersatz in sozialen Zusammenhängen auftreten, in denen durch Krieg, Migration oder Armut Väter meist abwesend und funktionierende Familien selten sind. Die Offenheit ihres Agierens zeigt sich vor allem in den Tätowierungen, die Bandenmitglieder am Körper und im Gesicht tragen und an denen u. a. ihr krimineller Stammbaum ablesbar ist, etwa durch je eine tätowierte Träne für einen im Auftrag der Mara verübten Mord.

Besonders sinnfällig wird der Zusammenhang von sakral inszeniertem Ritual und körperlicher Gewalt in der sozialen Praxis der Mara bei deren Aufnahmeritualen, wie sie der Dokumentarfilm *La vida loca* (Regie: Christian Póveda, 2008) und der Spielfilm *Sin nombre* (Regie: Cary Fukanaga, 2010) zeigen. Es besteht aus zwei Stufen, einer »bronca«, bei der sich das künftige Bandenmitglied von

---

[8] Vgl. Michele L. Monteith, Transnational gangs: the MS-13 gang and others, Hauppauge/New York 2010; sowie Francisca Cano, La vida loca: pandillas juveniles en El Salvador, Barcelona 2009.

der Bande für 13 Sekunden zusammenschlagen lässt, ohne Gegenwehr zu leisten. Zum Vollmitglied wird der Neuling aber erst, wenn er einen Mord verübt, danach seine Träne eintätowiert bekommt und sich und seinen Körper damit der Gruppe überantwortet. Cary Fukanaga zeigt diesen ersten Mord in einem Spielfilm bezeichnenderweise unmittelbar vor einer Szene, in der die Bandenmitglieder zusammen eine Mahlzeit einnehmen, wobei in der Mitte der Anführer sitzt, mit einem Kreuz-Symbol vor sich: eine Abendmahl-Darstellung in Anlehnung an Leonardo da Vinci, ins Bild gesetzt nach einem Mord. Nicht symbolisch, sondern konkret wird in diesem Ritual der Körper des toten Feindes für den Körper des neuen Mitglieds eingetauscht.

Eine Theorie der Gewalt nach Jan Philipp Reemtsma

Wie man sieht, ist hier das Ritual engstens mit der körperlichen Gewalt verknüpft. Zum besseren Verständnis des Gewaltaspekts möchte ich mich auf J. Ph. Reemtsmas Gewalttheorie stützen. Eine der Grundideen der europäisch-nordatlantischen Moderne sei der Gewaltverzicht, so Reemtsma, wobei der Gewaltverzicht des Einzelnen zugunsten des Staates den sozialen Zusammenhalt begründe und zu Gesellschaften führe, in denen Gewalt als soziale Praxis zunehmend eliminiert ist. Zu diesem kulturellen Selbstverständnis passe allerdings nicht, dass es sich parallel zur ungebrochen gewaltsamen Praxis nach außen entwickelt hat, eine Entwicklung, die nur unter enormem kulturellen Legitimationsaufwand vonstatten geht – etwa der Koppelung der ethischen Legitimation von Gewalt an rational nachvollziehbare Gründe und Motive. Diese Koppelung ist uns heute selbstverständlich, aber der Blick zurück etwa auf die römische Kultur, wo im Kolosseum tödliche Gewalt der Unterhaltung diente, zeigt, wie kulturspezifisch die Legitimation von Gewalt erfolgt.

Reemtsma unterscheidet nun drei Arten von Gewalt: erstens die lozierende Gewalt (die das Opfer als Körper im Raum betrifft und ihn dort entfernen will), zweitens die raptive Gewalt (die des Körpers des Opfers habhaft werden will, um ihn zu besitzen, etwa in einer Entführung oder einer Vergewaltigung) sowie drittens die autotelische Gewalt, die »den Körper nicht zerstört, weil es dazu kommt, sondern um ihn zu zerstören«.[9]

---

[9]   Jan Philipp Reemtsma, Vertrauen und Gewalt. Versuch über eine besondere Konstellation der Moderne, Hamburg 2008, 117.

Autotelische Gewalt ist, anders als lozierende oder raptive Gewalt, nicht inst-rumentell zu begreifen, also kaum rationalisierbar, weshalb diese Art der angeb-lich »sinnlose Grausamkeit« in unserer Staatstheorie von Hegel bis Max Weber ebenso wie in unserer Kulturtheorie nur als »krankhafte Entartung«, als »Aus-nahmeerscheinungen« der Moderne auftaucht:

> »Unsere Kultur hat gravierende Probleme, mit dem Phänomen der auto-telischen Gewalt umzugehen. Diese Gewalt ist uns fremd geworden, sie ist gleichsam der Einbruch irgendeines Teuflischen in die Weltordnung. Dabei hat das traditionelle Christentum der autotelischen Gewalt einen Ort in der Weltordnung gegeben: die Hölle. Wo immer es für autoteli-sche Gewalt keine Legitimationsfiguren gibt, rührt ihr Vorkommen an ein Problem, für das man den Teufel überhaupt erfunden hat, nämlich das Böse.«[10]

Reemtsmas These lautet also, dass es in modernen entsakralisierten Gesellschaf-ten für Gewalt, insbesondere für autotelische Gewalt, keine Codes gibt. Folglich werde sie in der Regel geleugnet, exteriorisiert, pathologisiert oder verrätselt.

Und noch ein weiterer Aspekt, der die Sichtbarkeit der Gewalt und damit un-sere Leitfrage nach der Performativiät betrifft, ist an Reemtsmas Theorie bedeut-sam: Gewalt habe immer eine kommunikative Funktion, sie sei nicht zu begrei-fen in der Diade Täter-Opfer, sondern nur in der Triade Täter-Opfer-Zeuge, den er »der Dritte« nennt. Jeder Gewaltakt könne eine Botschaft enthalten, jedem könne eine zugeschrieben werden, und erst in diesen Bezeugungen wird aus Gewalt ein soziales Phänomen, sei es gruppenintegrierende Gewalt in der Ableh-nung von Gewaltakten, aber ebenso auch, indem Gewaltanwendung nach außen nach innen Vertrauen schafft. Historisch betrachtet kann er zeigen, dass Gewalt ein starkes sozialisierendes Element ist.

Kommen wir zurück zur Welt der Maras, für die Gewalt durchgehend kom-munikativer Code ist. Denn ihr archaisierender Körperkult setzt den Körper des Marero in doppelter Hinsicht als Medium ein: Er ist Träger für Tätowierungen, die seine kriminelle Biographie in den Körper einschreiben, und er ist Medium im Sinne von Tauschobjekt, insofern ein Körper bzw. ein Leben getauscht wird gegen ein anderes als Voraussetzung für Integration in die Gruppe. Der Körper in diesem Aufnahmeritual ist nicht substituierbar, was nach Reemtsma Merkmal autotelischer Gewalt ist, jener dritten Art der Gewalt, die ihren Zweck in sich

---

[10] Reemtsma, Gewalt, 119.

selbst findet. Gleichwohl dient diese performativ inszenierte Gewalt der internen wie externen Kommunikation, wobei der geschlagene Körper (intern) wie auch der tätowierte Körper (intern und extern) zum Zeichenträger wird: Im Zusammenspiel von Ritual und Gewalt wird der Körper gewissermaßen Signifikant und Archiv für die neu zu bildende soziale Gruppe.

Anbetung und Segnung: *La virgen de los sicarios*

Während die Welt der Maras ein vergleichsweise neues Phänomen ist, steht die Drogenwelt Kolumbiens und die mit ihr einhergehende Gewaltkultur seit den 1970er-Jahren im Fokus der Forschung und wurde zum Gegenstand filmischer wie literarischer Verarbeitungen. Als letztes Beispiel soll der Roman *La virgen de los sicarios* von Fernando Vallejo stehen, der zu den bekanntesten und erfolgreichsten kolumbianischen Büchern der letzten Jahre gehört.[11] Er kann paradigmatisch für »novela de sicarios« oder »novela sicaresca« gelesen werden, für Romane, in deren Mittelpunkt Sicarios stehen, jene jugendlichen Auftragsmörder, die im Dienst der Drogenkartelle für eine Handvoll Pesos Morde ausführen und meist selbst nicht älter als 18 oder 20 Jahre werden. Der Titel des Buchs spielt an auf eine Marienstatue, die von den Sicarios als Schutzheilige verehrt wird und bei der sie z. B. vor ihrer Arbeit um Gnade bitten, mit deren Medaillons sie Waffen und Munition segnen, die sie für ihre Arbeit benutzen.[12]

Wie inszeniert sich nun das Sakrale in dieser »novela sicaresca« bzw. ihrer Verfilmung? *La virgen de los sicarios* ist eine Art Reisebericht, der die Rückkehr eines Mittfünfzigers namens Fernando aus dem Ausland in seine Heimatstadt Medellín schildert, wo er sich in den jugendlichen Auftragsmörder Alexis verliebt. In den folgenden Tagen streift er mit ihm durch die Stadt, besucht bevorzugt eine der vielen Kirchen Medellíns, und auf diesen Wegen werden 16 zufällig ihren Weg kreuzende Menschen von Alexis erschossen. Die Handlung spielt Anfang der 1990er-Jahre, kurz nach dem Tod des zuvor mächtigsten Drogenbarons Pablo Escobar. Der Erzähler Fernando, ein Intellektueller mit umfassender Bildung, wie man an seinen Verweisen auf Dostojewski ebenso ablesen kann wie

---

[11] Vallejo, La virgen, 2000. Eine Analyse der Gewalt-Ästhetik des Romans findet sich in Albrecht Buschmann, Entre autoficción y narcoficción: la violencia de *La virgen de los Sicarios* (1994) de Fernando Vallejo, in: Iberoamericana II, 35 (2009), 137–144.

[12] Die soziologische Quelle zum Verständnis der Religiosität der Sicarios, auf die auch Fernando Vallejo zurückgegriffen hat, ist Alonso Salazar, No nacimos pa' semilla. La cultura de las bandas juveniles, Bogotá 1990.

an seinen metafiktionalen Überlegungen zum Verhältnis von Sprache und Wirklichkeit, begleitet seinen gleichsam *en passant* mordenden Geliebten mit größtem Wohlwollen, denn Alexis' Morde entsprechen durchaus seinen abschätzigen Reflexionen über die verrottete Gesellschaft Kolumbiens und über die missratenen Einwohner des Landes seiner Kindheit.

In provozierender Weise werden in dieser Erzählung Gewalt und religiöse Devotion miteinander verschränkt: Den geliebten Sicario Alexis vergleicht der Erzähler wegen seiner überirdischen Schönheit mit einem Erzengel, was die tödliche Gewalt mit der erotischen Attraktivität des Körpers verknüpft. Die Anbetung der Heiligen zum Zweck der Segnung krimineller Handlungen kommentiert er nüchtern wie ein Anthropologe, der um die religiösen Rituale der Sicarios weiß. Vor allem aber ist die Gewaltdarstellung selbst von religiösen Motiven durchzogen, etwa wenn ein Schuss in die Stirn des Opfers als Setzen des Aschekreuzes am Aschermittwoch metaphorisiert oder der Weg durch die von Gewalt gezeichnete Stadt parallel zu Dantes Weg im Inferno gelesen wird.[13]

Die »Virgen« der kolumbianischen Sicarios ist, anders als der mexikanische »narcosanto«, nicht für die Drogenwelt neu erfunden worden, vielmehr wurde eine vorhandene Darstellung der heiligen Jungfrau umcodiert für die Bedürfnisse einer neuen Berufsgruppe. Wie üblich im katholischen Kontext wird sie um Schutz, Segnung, Stärkung angerufen, nun aber für Schutz im kriminellen Alltagsgeschäft. In dem Maß, in dem sich der Alltag kriminalisiert, tritt auch die alltägliche religiöse Praxis mit der Kriminalität in Kontakt und bringt neue Funktionalisierungen der Anbetung hervor. Der Literatur und dem Film von Barbet Schroeder, der den Sequenzen der Segnung der Munition oder der betenden Vorbereitung auf einen Mordauftrag weitaus breiteren Raum einräumt, eröffnet diese neue sakrale Praxis in der Welt des Verbrechens die Möglichkeit zu vielfältigen Anspielungen, intertextuellen und intermedialen Verweisen, die z. B. die historische Tiefendimension dieses Themas (etwa die gewaltsame Conquista Amerikas mit päpstlichem Segen) aufruft und zur Diskussion stellt.

Fazit

Wie wir sehen, hat sich im Umfeld der Drogenwelt an der Repräsentation des Körpers ein besonders reiches und zugleich konkretes Reservoir an Zeichen an-

---

[13] Vallejo, Virgen, 26, 39.

gelagert. Das gilt gleichermaßen für den ethnologisch beobachteten Körper wie für den in Film und Literatur inszenierten Körper. Gerade katholisch geprägte Kulturen scheinen nun bei der Transformation religiöser Rituale besonders produktiv zu sein, wie der Blick auf die von physischer Gewalt konstituierte »narcocultura« in Mexiko, El Salvador und Kolumbien gezeigt hat.

Doch sowohl für die Performativitätstheorie wie für die Gewalttheorie zeigt sich auch, dass gerade in der transkulturellen Analyse die Übertragbarkeit von Modellen und Begriffen nicht unproblematisch ist. Denn sowohl das Ritual-Modell von Victor Turner wie das Selbstbild der zu Gewaltfreiheit tendierenden Moderne sind genuin europäische Konstrukte, deren implizite Setzungen in der nachkolonialen Welt außerhalb Europas nicht immer angemessen sind: Gewalt ist in der hier beschriebenen Welt offensichtlich Alltag und, mehr noch, in bestimmten Segmenten der Gesellschaft Teil einer vertrauten Sozialibität. Rituale und deren Performanz dienen dort gerade nicht der Integration der Gesellschaft als Ganzes, sondern sie befördern vielmehr die Desintegration, insofern sie nur für (gewaltbereite) Teilgruppen gruppenbildend wirken.

Die kritische Anwendung solcher Modelle im Rahmen transkultureller Forschung sollte also nicht nur das Ziel verfolgen, Kulturkontakt analytisch zu beschreiben, sondern auch unseren Wissenschaftsdiskurs selbst zu befragen.

(Prof. Dr. Albrecht Buschmann ist Professor für spanische und französische Literatur- und Kulturwissenschaft sowie Direktor des Instituts für Romanistik an der Philosophischen Fakultät der Universität Rostock)

ABSTRACT

The essay presents an overview of some Latin American representations of violence in specific religious contexts. Based on Erika Fischer-Lichte's concept of body-presence and performance and Victor Turner's ideas about ritual performances, it presents a critical reading of the Mexican »narcosanto« Jesús Malverde and the initiation rituals in violent Central American gangs (the so-called »maras«) as they are represented in the documentary *La vida loca* by Christian Poveda and in the movie *Sin nombre* by Cary Fukanaga. The analysis of some key scenes of the novel *La virgen de los sicarios* by the Colombian writer Fernando Vallejo can show how the symbolic value of Marian devotion is transformed into protection for contract killers' daily work.

Inclusion and Eccentricity

Exclusion and Embrace – ein Blockseminar mit Studierenden aus Kamerun und der Schweiz

Benedict Schubert

In dieser Rubrik von ZMiss 4/2012 hat Ralph Kunz von einer Reise mit Studieren-den der Theologie und der Religionswissenschaft der Fakultäten von Basel und Zürich berichtet. Es ging in seinem Bericht um Fremderfahrungen, um produk-tive Missverständnisse, um Lernerfahrungen, die den üblichen Rahmen univer-sitärer Veranstaltungen sprengen. Ich möchte daran anschließen und von einer Folgeveranstaltung berichten, einem Blockseminar, das Anfang September 2013 mit einer Gruppe von Besucherinnen und Besuchern aus Kamerun, sowie mit Doktoranden und Theologiestudierenden aus Zürich und Basel in Montmirail, dem Sitz der Communität Don Camillo bei Neuchâtel, stattfand.

Bei unserem Besuch in Kumba stellten die Kameruner Master Students eine nicht überraschende, deswegen aber nicht unberechtigte Frage: Sie stellten fest, dass immer wieder einzelne oder ganze Gruppen aus der Schweiz, aus Deutsch-land, aus den Niederlanden, kurz: aus dem Westen das Presbyterian Theological Seminary PTS besuchten. Das sei für das PTS, für Lehrende und Lernende, je-weils eine Freude und Ehre, die Seminare und Gespräche durchaus anregend. Doch eigentlich fänden sie es angebracht und spannend, auch einmal einen Ge-genbesuch zu machen. Es ging ihnen nicht darum, dass einzelne Theologinnen und Theologen nach Europa eingeladen werden sollten, um dort an einer Konfe-renz oder einer Tagung als Referierende oder als »resource person« aufzutreten. Das geschieht ja glücklicherweise nicht selten. Sie wollten als Master Students eine Gelegenheit bekommen, Europa zu besuchen.

Damit man sich unter »Master-Students« nichts Falsches vorstellt: die Pfar-rausbildung der Presbyterian Church in Cameroon (PCC) besteht im Bachelor-

Studiengang am PTS, der drei Jahre dauert. Im Anschluss werden die Absolventinnen und Absolventen in der Regel in ein ländliches Einzelpfarramt ausgesandt und dort von ihren Presbyterial Secretaries (Dekan/Dekanin) unterschiedlich intensiv begleitet. Wenn sie sich bewährt haben, werden sie dann zur Pfarrerin oder zum Pfarrer ordiniert. Erst nach ein paar Jahren Berufserfahrung können sie sich für den erst seit wenigen Jahren laufenden, zweijährigen Masterstudiengang am PTS bewerben. Die sechs Master Students (vier Männer und zwei Frauen), denen wir im Januar 2012 in Kumba begegneten, waren also alle schon gestandene Pfarrerinnen und Pfarrer, hatten eine eigene Familie, und waren zwischen 40 und gut 45 Jahren alt.

Als einigermaßen abgebrühter Afrikabesucher weiß ich, wie ich auf die Frage nach einem möglichen Gegenbesuch antworten muss. Es gibt reale, nicht nur vorgeschobene finanzielle, dazu oft auch visumstechnische Hindernisse, die ein solches Unterfangen im Grunde aussichtslos erscheinen lassen. Ich weiß inzwischen, dass und wie ich das afrikanischen Partnerinnen und Partnern glaubwürdig und überzeugend darlegen kann. Einen gewissen Unterton von Resignation kann ich dabei schwer kaschieren. Glücklicherweise hörte Ralph Kunz die Frage, ohne sofort den vermeintlich unentbehrlichen Filter des vermuteten Realitätsbezugs einzuschalten. Er versprach im Gegenteil, wir wollten ernsthaft prüfen, ob wir einen Gegenbesuch möglich machen könnten. Der Umstand, dass Christoph Stebler, ökumenischer Mitarbeiter von mission 21 und Dozent am PTS, diesen Sommer in die Schweiz zurückkehren würde, schien uns ebenfalls förderlich für das Projekt.

Tatsächlich gelang es ihm und uns gemeinsam, den Gegenbesuch möglich zu machen. Unsere beiden Fakultäten anerkannten das Blockseminar, das außerhalb der regulären Vorlesungszeit stattfinden musste, als ordentliche Lehrveranstaltung. Die Universität Zürich unterzeichnete einen Kooperationsvertrag mit dem PTS, der es möglich machte, spezifische Finanzmittel für das Blockseminar einzusetzen. Eine in Basel domizilierte Stiftung zur Förderung des »Dialogs zwischen Religionen, Kirchen und Kulturen« gewährte uns einen namhaften Beitrag. Die Basler Fakultät garantierte schließlich die Deckung eines Defizits, das zu unserer Erleichterung deutlich tiefer ausfiel als budgetiert.

In der Planung des Besuchs aus Kamerun wurden uns die vor allem finanziellen Grenzen unserer Möglichkeiten dennoch immer wieder schmerzlich bewusst. Unser Aufenthalt in Kamerun dauerte damals knapp drei Wochen. Davon waren wir fünf Tage am PTS – vorher und nachher konnten wir verschiedene Orte im westlichen Teil des Landes besuchen. Es wäre wünschbar und schön gewesen, den Kameruner Studierenden ebenfalls einen ähnlich langen Aufenthalt in der Schweiz zu ermöglichen. Es ist uns auch gelungen, zusätzlich zu den fünf Tagen in Montmirail ein zwar deutlich kürzeres, aber doch attraktives Rahmenprogramm zusammenzustellen, namentlich dank des persönlichen Einsatzes einiger privater Gastgeberinnen und Gastgeber. Doch mehr als die zwölf Tage und Ausflüge beispielsweise nach Genf lagen nicht drin. Die Schwierigkeit eines Gegenbesuchs liegt ja nicht nur darin, dass Schweizer Studierende sich an einer solchen Reise mit einem eigenen Beitrag beteiligen können, während das für die Kameruner nur in höchst begrenztem Umfang möglich ist. In der Schweiz lässt sich darüber hinaus Geld auftreiben bei der Universität, bei Stiftungen oder privaten Sponsoren. Ins Gewicht fällt dann aber wesentlich, wofür Geld ausgegeben werden muss. Ein Besuch in Kamerun kostet vor Ort viel weniger als ein Ausflug auf die Hochpreisinsel Schweiz. Konkret: die gesamten Kosten in Kamerun (sämtliche Übernachtungen, Essen, Gastgeschenke, Transporte im Inland, Besuche etc.) beliefen sich auf weniger als CHF 1 000.– pro Teilnehmer/in, während in der Schweiz schon nur eine Nacht mit Vollpension in einem günstigen Haus mehr als CHF 100.– kostet, eine Fahrt mit der Bahn von Basel nach Zürich über CHF 30.– etc.

Der große Teil der Master-Students aus Kamerun reiste für diesen Besuch zum ersten Mal außerhalb des eigenen Landes, einzelne hatten noch nicht einmal Gelegenheit gehabt, den englischsprachigen Teil des Lands zu verlassen. Das Wort »Kulturschock« mag einen allzu pathetischen Beiklang haben – und doch lässt es ahnen, wie intensiv und beunruhigend eine solche Fremdheitserfahrung sein kann.

Inhaltlich wollten wir mit dem Blockseminar anknüpfen an das, was wir schon in Kumba miteinander diskutiert hatten. Dort war es um die Sichtbarkeit von Religion in unseren beiden Gesellschaften gegangen. Im Vorfeld des Gegenbesuchs entschieden wir uns dazu, das Thema diesmal theologischer zu akzentuieren. Unter dem Titel »Inclusion and Eccentricity, Exclusion and Embrace« sollte es – wie wir es in der Ausschreibung formulierten – »um die Frage gehen, wie die Mission Zugehörigkeiten verändert und wie vorhandene Zugehörigkeiten Mission beeinflussen. Die Frage nach diesem Zusammenhang lässt sich (missions)geschichtlich beantworten, doch wir wollten primär nach der *Bedeutung* der Mission für die Gegenwart fragen. Welchen Stellenwert hat sie für die Kirchen, die vor 200 Jahren Missionare in die Kolonien der europäischen Mächte aussandten, und was bedeutet Mission für die Kirchen, die sich heute selbstbewusst als spirituell vitalere Glaubensgemeinschaften als jene begreifen, von denen einmal die Mission ausging? Wie hat sich Mission unter den Bedingungen der kulturellen Pluralität – auf beiden Seiten – verändert? Wir hoffen, durch den vergleichenden Blick auf die beiden Kontexte Kameruns und der Schweiz kulturelle, gesellschaftliche, religiöse Dynamiken schärfer in den Blick zu nehmen und die Frage nach der Mission als *Bewegung der Kirche* präziser zu stellen. Versteht man Mission *soziologisch* als Lebensäußerung einer Institution, die sich durch Expansion und Inklusion selbst erneuert und erweitert, kommt der Mission auch eine gesellschaftspolitische Dimension zu. Durch sie – sprich ihre Sendung – vermittelt die Kirche, wie sie solidarisch, dialogisch und bezeugend das Evangelium kommuniziert. Mit der Sendung ist immer auch eine Sammlung intendiert. Das exzentrische Wesen der Kirche zielt auf eine Inklusion, der exklusive Charakter der Mission ist ein Versuch, die Welt zu umarmen. In dieser höchst spannungsvollen Kombination von Einschluss und Ausschluss entstehen Zugehörigkeiten oder werden auf- und abgebrochen.«

Das gemeinsame Seminar in Montmirail war eine dichte und anregende Zeit. Es waren allerdings Schwierigkeiten aufgetreten, mit denen wir so nicht gerechnet hatten: Zu unserem Erstaunen und – um ehrlich zu sein – auch unserer Enttäuschung nahmen nur wenige Schweizer Studierende teil. Weshalb? Der theologische Fokus erklärt, weshalb die Studierenden der Religionswissenschaft fernblieben. Einige der Interessierten waren gar nicht in der Schweiz, sondern in einem Austausch oder im Urlaub weit bis sehr weit weg. Als besonders unglücklich erwies sich, dass ausgerechnet in der gleichen Woche die Einführung ins obligatorische »praktische Semester« stattfand, das auf dem Ausbildungsweg ins Pfarramt zwischen Bachelor und Master absolviert wird. Ein Angebot, das außerhalb der Vorlesungszeit lag und zudem einen zwar bescheidenen finanziellen Beitrag erforderte, hat einen schweren Stand in einem Studium mit sehr vielen Wahlmöglichkeiten. Zusätzlich hat es angefangen, eine bestimmende Rolle zu spielen, wie man seine Zeit und Kraft ökonomisch so einsetzt, dass die geforderten Kreditpunkte möglichst einfach gewonnen werden können. Schließlich gab es unglückliche Zufälle: unerwartete familiäre Probleme oder Krankheiten. Kurz: es kamen wenige aus der Schweiz; von denen, die an der Reise nach Kamerun teilgenommen hatte, war nur einer an einem Tag in Montmirail dabei. Das ließ einen der Kameruner Dozenten misstrauisch fragen, ob denn für Schweizer Studierende eine Begegnung mit ihnen als Theologinnen und Theologen gar nicht so interessant sei und sie eigentlich vor allem das »Sight-Seeing« in Kamerun gesucht hätten.

Die Frage mag etwas platt formuliert sein, doch sie beschäftigte uns, die wir das Blockseminar organisiert hatten, ebenfalls. Ist Studierenden in der Schweiz bewusst, wie viel zu lernen ist in einem interkulturellen Austausch, auch wenn der nicht dort, sondern hier stattfindet? Oder vermuten viele von ihnen weiterhin, dass Theologinnen und Theologen aus Kamerun uns eigentlich nichts Wesentliches zu sagen hätten, was wir nicht schon wüssten?

Sei es drum: für die Teilnehmenden zeigte sich, dass das Thema gut gewählt war. Es bot einen Rahmen, der weit genug war, um in seiner Perspektive unterschiedliche Interessen und Studienschwerpunkte zu betrachten. Es erlaubte, sowohl auf der Ebene der Reflexion als auf der Ebene der konkreten Erfahrung beim Thema zu bleiben: obwohl wir Englisch als Tagungssprache benutzten, brauchte es immer wieder sensible Übersetzungsleistungen, weil die Unterschiede der Erfahrungen, der Bildungswege, der Diskussionsgewohnheiten das Gespräch beeinträchtigten. Es galt, Empfindlichkeiten zu respektieren, Grenzen zu erkennen und vorsichtig abzuschätzen, wo sie gewahrt und wo sie überschritten werden konnten. Immer wieder drohte die Gefahr, dass einzelne sich ausgeschlossen fühlten, nicht mitgemeint in dem, was und wie wir etwas diskutierten.

Besonders intensiv erlebten wir diese Schwierigkeit beispielsweise, als das Thema »Homosexualität« in einer Gruppenarbeit aufgenommen werden sollte. Es war zwar in allen Kameruner Beiträgen teilweise prominent und pointiert vorgekommen. Doch nun wurde offensichtlich, dass wir auch in diesem scheinbar geschützten Setting des Blockseminars in Montmirail nicht unabhängig bleiben konnten von der Tatsache, dass das Stichwort dazu dient, sich in diffusen und für einen Dialog eher destruktiven Diskursen von Identität, von kolonialer und neokolonialer Bevormundung zu verlieren.

Schmerzhaft erfuhren die Kameruner Master Students auch den akademischen Ausschluss. Unmittelbar vor ihrer Reise hatte sich das Projekt eines ihrer Kollegen zerschlagen. Er hatte einige Jahre vor ihnen seinen Master in England abgeschlossen. Ermutigt von Christoph Stebler bewarb er sich erfolgreich für ein Stipendium, um ein Dissertationsprojekt bei Andreas Heuser am Lehrstuhl hier in Basel für außereuropäisches Christentum in Angriff zu nehmen. Alles schien gut in die Wege geleitet, bis der Kandidat vom Zulassungsbüro der Universität den Bescheid bekam, sein Abschluss könne nicht anerkannt werden, weil weder das PTS noch die Queens Foundation in Birmingham akkreditiert sei. Die Kameruner Besucherinnen und Besucher empfanden das als persönliche Zurückweisung. Empört fragten sie, ob sie denn umsonst für ihren Master so viel investiert hätten. Wir führten intensive Diskussionen über die Konzepte theologischer Ausbildung, über akademische Standards, über kirchen- und universitätspolitische Entscheidungen und Prioritäten im Blick darauf, wer wie viel in welche Art von Bildung investiert.

Für die Besucherinnen und Besucher aus Kamerun war eine eigentlich unspektakuläre Spritzfahrt einer der Höhepunkte. Nach der Anreise von Montmirail her blieb uns in Basel noch Zeit, bevor wir mit den Gastgeberinnen verabredet waren. Ich schlug eine spontane »Dreiländerfahrt« vor; in einer knappen halben Stunde kann man von Basel aus über Hegenheim und St. Louis, die Palmrainbrücke und Weil am Rhein wieder zurück nach Basel fahren und dabei drei Länder besucht haben. Das wollten wir durchaus metaphorisch verstanden haben: es braucht nicht immer komplizierte Visumsprozesse, es kann manchmal auch ganz einfach sein und gehen, eine Grenze zu überschreiten.

Richard Elphick, **The Equality of Believers. Protestant Missionaries and the Racial Politics of South Africa**, Charlottesville/London: University of Virginia Press, 2012, 437 S., EUR 33,99.

Wer sich mit der Missionsgeschichte Südafrikas beschäftigt, kommt nicht umhin, sich mit der Frage zu befassen, wie sich die vornehmlich europäischen Missionare mit dem Rassismus und der rassistischen Politik der Buren und später der Briten auseinandergesetzt haben. Eine Antwort hierauf zu finden, hat sich der an der Wesleyan University in den USA lehrende Richard Elphick vorgenommen. Er ist nicht der erste Historiker, der darauf eine Antwort sucht. So haben dies auch schon andere, wie Werner van der Merwe am Beispiel der Berliner Missionsgesellschaft, versucht. Jedoch hat noch keiner diese Frage mit solcher tiefgehender Analyse, gestützt auf eine Vielzahl von archivarischen Quellen (ohne deutsche), missionarischen Periodika (ohne deutsche) sowie einschlägiger Fachliteratur, beantwortet. Hiervon hat Elphick einige deutsche Veröffentlichungen ausgewertet.

In Intention und inhaltlicher Aussage lehnt sich Elphick an das 1911 erschienene Buch von Johannes du Plessis an. Jener hat sich jedoch vor allem auf die Geschichte der christlichen Mission im 18. und 19. Jahrhundert konzentriert, während der Schwerpunkt von Elphick auf dem 20. Jahrhundert liegt. Allerdings beginnt seine kursorische Betrachtung der südafrikanischen Missionsgeschichte bereits im Jahre 1737, als Herrnhuter Brüder am Südende des afrikanischen Kontinents die Arbeit aufnahmen. Lehnten diese, vor allem Georg Schmidt, eine Unterteilung der Menschen nach Hautfarbe noch weitgehend ab, sollte sich dies in den folgenden Jahrzehnten grundlegend ändern.

Dennoch geht der Verfasser davon aus, dass seit dem Beginn des 19. Jahrhunderts bis etwa 1960 die protestantischen Missionare die bedeutendsten Mittler (»intermediaries«) zwischen den in Südafrika die politische und wirtschaftliche Macht innehabenden »Weißen« und der schwarzen Bevölkerungsmajorität darstellten. Er beschreibt sie, entsprechend dem Forschungsstand, als Mittler zwischen den Kulturen. Seine intensiven Quellenstudien und seine weitreichenden Kenntnisse kann er hier eindrucksvoll unter Beweis stellen. Jedoch fällt auf, dass er die Entwicklung der vornehmlich europäischen Missionsgesellschaften zwar in den historischen Kontext stellt, jedoch dabei historische Vorkenntnisse der Vergangenheit Südafrikas voraussetzt, was die Bewertung mancher seiner Schlussfolgerungen nicht einfach macht. Ansonsten ist das Buch jedoch klar und übersichtlich gegliedert.

Anhand der Missionsgeschichte behandelt er explizit die Entstehung von Rassismus in Südafrika. Besondere Berücksichtigung findet dabei die Untersuchung der Schlüsselrolle, die die europäischen Missionare als Mittler zwischen den Kulturen dabei inne hatten, aber Elphick richtet seinen Blick auch auf die soziale Herkunft und die Ausbildung der Missionare und ihre durch den Unterricht von afrikanischen Menschen weiter verbreiteten religiösen und politischen Einstellungen und Überzeugungen.

Die Mehrheit der europäischen Missionare vermittelte eine universalistische und egalitäre Ideologie, die, so Elphick, auf die Lehren des Neuen Testamentes zurückzuführen sei. Denn seit der ersten Ansiedlung von Europäern im Süden Afrikas hielten sich die Kirchen an die Vorstellung von einer Hierarchie der Rassen und sogar viele eigentlich recht aufgeklärte Missionare wichen diesen Ideen nicht aus und negierten aufklärerische andere Auffassungen.

Schon in den ersten Jahrhunderten der europäischen Besiedlung des Südens des afrikanischen Kontinents rechtfertigte die europäische Bevölkerungsminderheit ihre vorgebliche kulturelle Überlegenheit, indem sie das Christentum mit typischer weißer Rassenüberheblichkeit verbanden. Und die Missionare widersprachen diesen Vorstellungen nicht, sondern unterstützten eher die rassistische Ideologie. Später verwarfen einige der europäischen Missionare das ursprüngliche Konzept, erhoben zuweilen recht eindringlich ihre Stimme gegen die Rassenpolitik und wurden somit zu »Anwälten der Eingeborenen«. Dennoch traten sie im Allgemeinen für eine angebliche Notwendigkeit von getrennten schwarzen und weißen Kirchen im Süden Afrikas ein.

Zuweilen hätte sich gerade der deutsche Leser ein stärkeres Eingehen des Verfassers auf Missionare deutscher Missionsgesellschaften gewünscht, denn – ähnlich wie es die Comaroffs taten – es werden die »nationalen Unterschiede« zwischen den Missionaren und ihren Gesellschaften zu wenig berücksichtigt. So hatten etwa die deutschen Missionare ein ungezwungeneres Verhältnis zur britischen Kolonialregierung am Kap als etwa die Missionare der London Mission Society und anderer englischer Gesellschaften. Jene mussten auf keine »nationalen Interessen« Rücksicht nehmen.

Immer den historischen Kontext, wenn auch nicht sehr ausführlich, berücksichtigend, der bis 1652 zurückreicht, konzentriert sich Elphick in seiner Analyse auf das Zeitalter der Industrialisierung, der Segregation und auf die Anfänge der Apartheid in der ersten Hälfte des 20. Jahrhunderts. Elphicks Buch, die bisher ambitionierteste Arbeit des namhaften Historikers, enthüllt die tiefen religiösen Wurzeln von rassistischen Ideen und deren Einfluss auf die Geschichte Südafrikas. Es hilft die gegenwärtigen Herausforderungen in der südafrikanischen Gesellschaft, vor allem auch in Bezug auf die Kirchen, besser zu verstehen.

Ulrich van der Heyden

Richard Friedli, Jan A. B. Jongeneel, Klaus Koschorke, Theo Sundermeier und Werner Ustorf (Hrsg.), **Intercultural Perceptions and Prospects of World Christianity** (=Studien zur Interkulturellen Geschichte des Christentums, Bd. 150), Frankfurt am Main u.a.: Peter Lang 2010, 140 S., EUR 30,70.

150 Bände in 35 Jahren – das ist die quantitative Bilanz der »IC-Reihe«, wie die 1975 begründete Serie von Publikationen von manchen liebevoll genannt wird. Im vorliegenden Band wird ein qualitatives Resümee zu ziehen versucht: Es geht in einem Prozess der Reflexion und des Neu-Denkens um die Frage nach dem, was die 149 bisherigen Bände zusammenhält, aber auch um die Frage, was »interkulturell«, was »interkulturelle Theologie« ist bzw. sein soll und kann. Dabei kommen die Gründerväter der Reihe zu Wort – vom bereits 1982 viel zu jung verstorbenen Hans Jochen Margull über Walter J. Hollenweger bis zu Richard Friedli, der in Gestalt eines Postskripts den Blick zurück und nach vorne wirft – sowie jene, die im Laufe der Jahre Mitstreiter im gemeinsamen Projekt geworden sind. Die einzelnen Beiträge machen deutlich, welche Perspektiven die Beteiligten eingebracht und welche Akzente sie vorrangig gesetzt haben: Margull mit dem Konzept der »Tertiaterranität« und der damit verbundenen Forderung, die Stimmen aus dem globalen Süden ernst zu nehmen; Hollenweger mit dem Hinweis auf den Beitrag der narrativen Exegese zur

Entfaltung einer wahrhaft interkulturellen Theologie; und Friedli mit der Verschiebung der Perspektive weg von »Glaubenssystemen« hin auf reale Gemeinschaften und die Frage nach deren Potential, durch alle Ambivalenzen hindurch gemeinsam nach Wegen zu suchen, Konflikte zu überwinden und die Sicherung menschlicher Grundbedürfnisse zu gewährleisten. Unter Bezugnahme auf Friedlis Konzept der »interkulturellen Zirkulation« wiederum projektiert Theo Sundermeier vor dem Hintergrund der Herausforderungen durch Globalisierungsprozesse die Unabdingbarkeit der Entfaltung einer an der Kommunikation des Evangeliums ausgerichteten, praxisorientierten interkulturellen Theologie. Jan A. B. Jongeneel, der Missionswissenschaft, -philosophie und -theologie als drei Subdisziplinen der Missiologie konzipiert, bestimmt die missionarische Dimension des Christentums als Kategorie *sui generis* und ordnet infolgedessen die Interkulturelle Theologie der Missionstheologie nach, da seiner Meinung nach Missionstheologie stets interkulturell, Interkulturelle Theologie jedoch nicht unbedingt missionarisch konfiguriert ist. Werner Ustorf schlägt in seinem Beitrag den Bogen von gegenwärtigen Debatten um Interkulturelle Theologie nochmals zurück zu den Anfängen der Diskussion, die bis weit in die frühen 1970er-Jahre zurückreicht und untrennbar mit den Gründervätern der Buchreihe verbunden ist; mit Blick auf die Notwendigkeit, in den Debatten um Interkulturelle Theologie einerseits unsere Rede darüber, was wahr und universal ist, zu dekolonisieren, und andererseits unsere Vorliebe für das »Eigentliche«, kulturell Nicht-Kontaminierte (wie es etwa manche Inkulturationsmodelle suggerieren) aufzugeben, schlägt er vor, Konzepte wie das der Gastfreundschaft (Derridas *hospitalité*) oder der Konvivenz (Sundermeier) auf ihre Tragfähigkeit für die Weiterentwicklung Interkultureller Theologie hin zu befragen. Klaus Koschorke stellt in seinem Beitrag »Polyzentrische Strukturen der globalen Christentumsgeschichte« als Konzept vor, das eine Neuausrichtung herkömmlicher Kirchengeschichtsschreibung in Gestalt einer globalen Christentumsgeschichte anvisiert, die neben der konfessionellen insbesondere die kulturelle Kontextualität in den Blick nimmt. Das bereits erwähnte »Postskript« von Richard Friedli schließt den Band ab. In für ihn so typischer, diszipliniert systematischer Gedankenarbeit eröffnet er dem Konzept der »Interkulturalität« neue Dimensionen, indem er es zu einem weiteren begrifflichen Feld in Beziehung setzt – Inter-Theologie, Interreligiosität, Inter-Welt (als »weltliche« Herausforderungen des Zusammenlebens im Zuge beschleunigter Globalisierung), Vernetzung – und daran erinnert, dass «interkulturell« als generativer Begriff (Paolo Freire) auf eine bleibende Zukunftsaufgabe verweist. Dabei gibt es keine feststehenden Szenarien der künftigen Ausrichtung Interkultureller Theologie, wohl aber eine Reihe von Neuakzentuierungen und thematischen Umorientierungen, die ihre weitere Entwicklung beeinflussen werden, so beispielsweise der Aufstieg des Pazifiks zum neuen globalen Zentrum, die daraus resultierenden Neuverhandlungen zwischen den verschiedenen wirtschaftlichen und politischen Knotenpunkten, die Re-Interpretation der jeweiligen kulturellen Traditionen sowie ihre wechselseitige Verhältnisbestimmung usw.

Der Band bietet gerade in der Unterschiedlichkeit seiner Perspektiven eine luzide, wenngleich schlaglichtartige und auch durchaus gebrochene Skizze des Standes der Debatte um Interkulturelle Theologie mehr als 35 Jahre und 150 Bände »danach« – nach den ersten Aufbrüchen hin zur Neubestimmung dessen, was momentan eben vornehmlich unter dem Begriff der Interkulturellen Theologie verhandelt wird. In diesem Zusammenhang wird deutlich, dass es damals bestenfalls programmatische Ansätze gab, die sich in der Zwischenzeit jedoch mitnichten zu einer greifbaren Programmatik verfestigt haben. Wie das Einführungskapitel des vorliegenden Bandes deutlich macht, unterscheiden sich die Herausgeber der Reihe in ihrer Expertise wie auch in ihrer Einschätzung davon, was es heißt, Theologie interkulturell zu betreiben. Die Debatten der letzten Jahre haben zumindest im deutschen Kontext dazu geführt, dass sich Interkulturelle Theologie nach und nach als eigenständige Disziplin konturiert. Eine fassbare Programmatik ist hingegen nicht zu erkennen. Das ist vielleicht auch gut so – macht nicht gerade die Vielfalt der Meinungen und Positionen die Stärke Interkultureller Theologie aus?

Klaus Hock

Jan A. B. Jongeneel, **Jesus in World History. His Presence and Representation in Cyclical and Linear Settings** (=Studien zur interkulturellen Geschichte des Christentums, Bd. 149), Frankfurt am Main u.a.: Peter Lang 2009, XII + 453 S., EUR 88,70.

Der niederländische Missionswissenschaftler Jan Jongeneel hat mit diesem Band eine geradezu monumentale Studie veröffentlicht, die der Wahrnehmung und der Rezeption Jesu Christi nicht nur in den Religionen, sondern in der Menschheitsgeschichte insgesamt nachspürt. Zugleich ist das Buch so etwas wie die Summe der letzten Jahre seiner akademischen Forschungstätigkeit, mit der er zugleich an ihren Anfängen anknüpft – seiner an der Universität Leiden abgeschlossenen und 1971 auf Niederländisch veröffentlichten theologischen Doktorarbeit (»Der rationale Glaube an Jesus Christus: Eine Studie der Philosophie der Aufklärung«).

Der Entfaltung des Materials selbst sind methodologische Reflexionen vorangestellt, die sich im Grunde nicht nur auf das so überschriebene Teilkapitel der Einleitung beschränken, sondern im zweiten Kapitel weiter substantiiert werden. Dabei kommen zwei grundlegende Perspektiven zum Tragen: die auf die »axiale« Dimension der Weltgeschichte – unter Bezug auf Karl Jaspers – und die auf die Transformation vom zyklischen zum linearen Geschichtsverständnis, wie sie in Jesus ihr Zentrum findet – unter Verweis auf Leslie Newbigin. Jongeneel ist sich der

wiederkehrenden geschichtlichen wie auch gegenwärtigen Herausforderungen durch Konzeptionen eines zyklischen Zeit- und Geschichtsverständnisses bewusst. Besonders beklagt er jedoch, dass den verschiedenen Anhängern der linearen Weltsicht in ihrem säkularen Modus (Humanisten, Evolutionisten, Marxisten...) die einzigartige Bedeutung Jesu und des Christentums nicht mehr bewusst ist: Diese besteht darin, das lineare Zeit- und Weltverständnis als gültiges Paradigma dominant gestaltet zu haben (33). Kapitel drei konzentriert sich auf die Entwicklung messianischer Vorstellungen vor dem Auftreten Christi, Kapitel vier auf die Bedeutung Jesu selbst. In den folgenden sechs Kapiteln entfaltet Jongeneel dann, wie die Gestalt Jesu Christi in nachbiblischer Zeit wahrgenommen, interpretiert und dargestellt wurde – sowohl von seinen Anhängern als auch von Außenstehenden. Dabei folgt der Autor einer Periodisierung entlang weltgeschichtlicher Ereignisse (Aufkommen des Islam; Entdeckung der »Neuen Welt(en)«; französische Revolution; Erster Weltkrieg; Zweiter Weltkrieg; Gegenwart – Globalisierung/Fragmentarisierung nach dem Ende des Kalten Krieges), berücksichtigt zunehmend jedoch auch Entwicklungen in Regionen außerhalb der jeweiligen geographischen Zentren der von ihm nachgezeichneten weltgeschichtlichen Ereignisse sowie insbesondere die Rückwirkung von Ereignissen in peripheren Weltgegenden auf diese Zentren. Die letzten beiden Kapitel sowie der Epilog bilden so etwas wie den eigentlichen Mittelpunkt des

Bandes: Zunächst untersucht Jongeneel die vielfältigen Formen messianischer Vorstellungen und Bewegungen, die weltweit in Reaktion auf die Begegnung mit Jesus Christus entstanden sind – typologisch differenziert nach messianischen Gestalten in zyklischen und linearen Kontexten – und behandelt zudem auch Sonderformen wie schwarzen, feministischen, politischen Messianismus etc. Anschließend entfaltet der Autor verschiedene Ausprägungen der Repräsentation Jesu Christi in den Modi von Wort, Tat, Leiden und Auferstehung – wobei im Modus der »Auferstehung« letztlich jede Form der Repräsentation aufgehoben wird –, und verweist auf unterschiedliche Formen der Präsenz Jesu Christi in der Weltgeschichte – Präsenz hier verstanden als weltverändernde Kraft bis dahingehend, dass Jesus als *die* kosmische Kraft das Göttliche selbst vergegenwärtigt. Im Epilog schließlich zieht Jongeneel nach seinem eindrucksvollen Gang durch die Weltgeschichte nochmals Bilanz und stellt anhand der Kategorien Personalität, Originalität, Finalität und Normativität die »axiale Signifikanz« Jesu Christi heraus, die zu einem »Paradigmenwechsel« von einer Kultur der Furcht in zyklischen Gesellschaften zu einer Kultur gnadenhafter Freiheit geführt habe (387). Über die Bedeutung Jesu insbesondere außerhalb der christlichen Interpretationsgemeinschaft wird im Kontext akademischer Theologie künftig kaum zu reden sein, ohne dieses Werk zur Kenntnis zu nehmen und von ihm buchstäblich als Arbeitsbuch Gebrauch zu machen. Dies gilt sowohl für den Aspekt der Repräsentation(en) Jesu als auch hinsichtlich der weiterführenden Interpretation seiner Bedeutung in den jeweiligen Kontexten. Fraglich ist jedoch, ob alle Leser/innen und Nutzer/innen des Bandes die große Gesamtsicht von Jongeneels Entwurf teilen können. Einige sehr grundsätzliche und weitreichende Aussagen fordern nämlich durchaus zu Rückfragen heraus – so bereits der programmatische Anspruch, das Buch könne dabei helfen, klarer zwischen richtigen und falschen Repräsentationen Jesu Christi zu unterscheiden; denn das ist tatsächlich wohl nur möglich, wenn der zweite Teil des Satzes, in dem dieser Anspruch formuliert ist, mitgelesen wird: die Bestimmung Christi als endgültiges Vehikel Gottes verzeihender Gnade. Damit ist jedoch von vornherein schon festgelegt, was als »richtige Lesart« zu verstehen sei, und auf der Grundlage dieses Kriteriums ergibt sich dann doch eine letztlich dogmatisch begründete Unterscheidung zwischen richtig und falsch.

Wie Jongeneel mehrfach deutlich macht, bleibt er der Überzeugung verpflichtet, dass es eine zutreffende Zentralperspektive gibt, der gegenüber andere untergeordnet sind oder gar als unzureichend, verzerrt bzw. falsch qualifiziert werden müssen. Das schafft Klarheit, lässt jedoch auch viele Fragen offen und immunisiert ein Stück weit vor der Kritik aus der Perspektive einer radikalen Kontextualisierung, die es skeptisch sehen würde, die »Konversion« zum linearen Welt- und Geschichtsbild für die Hinwendung zu Christus konditional zu machen. Durch die postkoloniale Kritik ist der Band jedenfalls nicht gegangen.

Klaus Hock

Frank Kwesi Adams: **Odwira and the Gospel: A Study of the Asante Odwira Festival and its Significance for Christianity in Ghana** (=Regnum Studies in Mission), Oxford: Regnum Books International 2010, VII, 232 S., EUR 39,41 (£ 16,19).

Ghana gilt als eines der Länder des Kontinents, dessen öffentliches Leben und gesellschaftliche Diskurse stark durch Imaginationen geprägt sind, die einem christlichen Repertoire entspringen. Gleichwohl bescheinigt der Autor der hier besprochenen Studie, dass sich christliche Theologie erst noch kontextualisieren müsse, um zukunftsfähig zu sein. Mit dieser Vorgabe wendet er sich dem Odwira Festival zu, das jährlich am Ashanti-Königshof in Kumasi in Präsenz der gesamten traditionellen Elite der Ashanti, der grössten Volksgruppe im Land, abgehalten wird. Das Fest vereint verschiedene kulturelle Stossrichtungen, unter denen allerdings der Aspekt der Reinigung der Nation, genauer: des *ntoro* des Asantehene, also der Lebenskraft des obersten Ashanti-Königs, hervorsticht (der Wortstamm *dwira* bedeutet säubern, reinigen, reinwaschen). Daher ist die rituelle Durchführung des Odwira gebunden an eine Reihe von Opfergaben wie die rituelle Reinigung des *Golden Stools*, dem symbolischen Objekt royaler Macht, das die »Seele«

(*kra*) der Ashanti-Nation wie des Asantehene verkörpert. Gebete zu Ahnen helfen mit, die Gegenwart in den Fluss der Zeit einzubinden wie auch etwaiges Fehlverhalten zu korrigieren; das abschliessende rituelle Mahl der ersten Yamsfrüchte mit Ahnen und in der Gemeinschaft der Lebenden soll Prosperität und Wohlergehen der Ashanti für das kommende Jahr sichern. Während des Odwira erfolgt(e) auch die Einsetzung neuer traditioneller Autoritäten durch den Asantehene. Einst gehörten auch Menschenopfer, meist Sklaven, Dissidenten oder Kriegsgefangene, zum Bestand des Odwira. Der Opfercharakter des Odwira wie dessen vielfache religiöse Bezüge führten dazu, es von missionschristlicher Seite zu tabuisieren, eine Meidungshaltung, die das breite Spektrum der Kirchen in Ghana bis heute teilt. Dies betrifft nicht zuletzt Adams eigene konfessionelle Bindung; der 2010 verstorbene Autor gehörte der baptistischen Kirche Ghanas an. Dessen ungeachtet plädiert Adams in dieser seiner Dissertationsschrift dafür, die theologische Bedeutungsvielfalt des Odwira zu entdecken. Zentral sind für Adams die Erinnerungsdimension wie der Gemeinschaft stiftende Charakter des Festes, in denen er Linien einer kontextuellen »Theologie der Sakramente« (Taufe und Abendmahl) erkennt. Dazu stellt Adams auch die mediative Rolle des Asantehene und der royalen Elite im Odwira heraus, die durch rituell korrektes Handeln das Wohl der Nation vermitteln. Die Opferthematik, also auch die Deutung von Kreuzestheologie, bleibt unbeachtet. Adams streift diese Referenzpunkte einer kontextuellen Theologie lediglich auf wenigen Seiten, ohne den Anspruch zu erheben, eine systematische Theologie vorzulegen.

Den inhaltlichen Kern der Studie bilden weniger theologisch eingefärbte denn historische Passagen, in denen Adams die Verwobenheiten des Odwira-Festivals in die vorkoloniale Ashanti-Gesellschaft über einen Bedeutungsschwund in der kolonialen Politikphase bis hin zu einer Revitalisierung in der Gegenwart nachzeichnet. Diese historische Rekonstruktion des Odwira beruht weitgehend auf bereits vorliegenden Kenntnissen, wie etwa der grundlegenden Studie McCaskies, *State and Society in Pre-Colonial Asante, 1995*, die Adams in weiten Teilen seiner Untersuchung wiedergibt. Daraus bestimmt sich die doppelte funktionale Deutung des Odwira als identitätsstiftendes Ritual wie als politisches Symbol, das mit der Staatsgründung des hegemonialen Ashanti-Reichs im frühen 18. Jahrhundert eingeführt wurde, um das kulturell heterogene Gebilde im Sinne eines *nation building* zu verschweißen. Adams reichert McCaskies religionssoziologische Folgerungen, die Durkheimschen Linien folgen, lediglich durch einige affirmierende Interviews an, die er vornehmlich mit Repräsentanten des Ashanti-Königshauses um die Jahrtausendwende geführt hat. Die aus meiner Sicht unkritische Quellenerhebung des Autors zeigt sich auch darin, dass er kaum die Umstände einer Renaissance des Odwira-Festivals in den Jahren der politischen Unabhängigkeit Ghanas bedenkt. Nachdem das Odwira einem kolonialpolitischen Verdikt zufolge nahezu in Vergessenheit geraten war, versuchten sich Kulturideologen einer Ashanti-Identität an einer Neubelebung, um royale Ansprüche auf ghanaische Politik zu behaupten. Insofern bedient sich Adams eines hegemonialen Ideologiekonzepts, das er in zirkulärer Argumentationsweise verfolgt: Zu Beginn und am Ende seiner Studie stellt er in den Raum, dass der rituelle Komplex des Ashanti-Odwira den symbolischen Schlüssel zum Verständnis einer kontextuell abgesicherten christlichen Theologie repräsentiere. Auf die identitätspolitischen Fallstricke dieser Forschungskonzeption, die bereits umrisshaft im Untertitel der Studie durchscheint, nach der ein lokales Fest, dem hohe Bedeutung im rituellen Kalender des ehemaligen Ashanti-Reiches zukommt, mit nationalen Bedeutungsebenen angereichert wird, geht Adams nicht ein. Ohne den Nuancen und gar Differenzen zu ähnlichen Odwira-Festen, die in anderer Ausrichtung und unterschiedlichen kulturellen Kontexten in Ghana gefeiert werden, nachzuspüren, bleibt die Studie insgesamt besehen im Behauptungsmodus. Adams weist allerdings darauf hin, dass es auch in den theologischen Ausbildungsgängen in Ghana unabdingbar sei, die Scheu vor einer allzu grossen Nähe zu Vertretern und Orten traditioneller Religion abzulegen, um sich mit religiösen Vollzügen wie rituellen Praktiken unter theologischer Perspektive zu stellen.

Andreas Heuser

Jobst Reller (Hg:), **Seelsorge, Gemeinde, Mission und Diakonie. Impulse von Ludwig Harms aus Anlass seines 200. Geburtstages** (=Quellen und Beiträge zur Geschichte der Hermannsburger Mission und des Ev.-Luth. Missionswerkes in Niedersachsen, Bd. XVIII), Münster: LIT 2009, II + 214 S., EUR 19,90.

Wenn es im Klappentext heißt, Jobst Reller sei einer der gegenwärtig führenden Forscher zu Ludwig Harms und der norddeutschen Erweckungsbewegung, ist das sicherlich keine Übertreibung. Der Experte hat für diesen Band die Beiträge eines Symposiums zum 200. Geburtstag des Missionars zusammengestellt und für die Veröffentlichung aufbereitet, unter deren Autoren sich Kirchengeschichtler, Missionswissenschaftler, Afrikanisten und Praktische Theologen befinden – markiert durch Namen wie Martin Jung, Christoffer Grundmann, Clemens Gütl oder Peter Zimmerling. So entsteht ein dichtes, interdisziplinär dreidimensional beleuchtetes Bild von Ludwig Harms im Kontext der Erweckungsbewegung und hinsichtlich seiner Bedeutung für die Missionsbewegung, für die er geradezu zur „Initialzündung" wurde, wie Reller in seinem Geleitwort feststellt. Das Bändchen stellt auch jüngere Forschungen zu Ludwig Harms vor und listet neuere oder bislang unbekannte Literatur der letzten 30 Jahre zum Thema auf. So kann es ein Stück weit sogar als Studienbuch genutzt werden.

Klaus Hock

J. Andrew Kirk, **Civilisations in Conflict? Islam, the West and Christian Faith** (=Regnum Studies in Global Christianity), Regnum: Oxford 2011, XIV + 205 S., EUR 19,61.

Der bekannte Missionswissenschaftler greift eine Debatte auf, die nun schon seit zwei Jahrzehnten anhält: die um den *Clash of Civilisations*. Kirk geht dabei so vor, dass er die These nicht rundherum ablehnt oder ihr zustimmt, sondern zunächst danach fragt, welche Prinzipien politischen Handelns für Islam und Christentum sich in ihrer jeweiligen formativen Phase als grundlegend herausgebildet haben. Dabei zeigen sich durchaus signifikante theologische Unterschiede – die Zielorientierung des Handelns auf eine Gesellschaft hin, die sich an Gottes Willen orientiert, auf islamischer Seite, und die Orientierung an Gottes Herrschaft, wie sie sich in Christus manifestiert hat, auf christlicher Seite (also gewissermaßen »Schriftprinzip« vs. »Christprinzip«) –, aber ansonsten gibt es doch viele Ähnlichkeiten, gerade auf dem Gebiet der politischen Ethik. Dabei eröffnen sich nach Kirks Meinung mit Blick auf den zweiten Pol der Huntington'schen These – dem *Remaking of World Order* – Perspektiven einer religionsübergreifenden Zusammenarbeit, wenn es einerseits zu einer fruchtbaren Verhältnisbestimmung zum Säkularismus kommt und andererseits der Herausforderung der politische Ideologisierung religiöser Traditionen kritisch begegnet wird.

Klaus Hock

Berufungen und Ehrungen

Prof. Dr. **Daniel Cyranka** (44) hat zum 1. August 2012 den Ruf auf die W2-Professur für Religionswissenschaft und Interkulturelle Theologie der Martin-Luther-Universität Halle-Wittenberg angenommen.

Prof. Dr. **Norbert Hintersteiner** ist seit dem 1. September 2013 Inhaber des Lehrstuhls für Missionswissenschaft und Außereuropäische Theologien und Direktor des Instituts an der Westfälischen Wilhelms-Universität Münster.

Die Kirchliche Hochschule Wuppertal/Bethel hat Herrn **Dr. Christof Sauer** (50) aufgrund seiner Habilitationsschrift »Martyrium und Mission im Kontext: Ausgewählte theologische Positionen aus der weltweiten Christenheit« im Juni 2013 die Lehrbefähigung für das Fach Missionswissenschaft/Interkulturelle Theologie zuerkannt und ihm die Venia Legendi verliehen, verbunden mit dem Recht, den Titel Privatdozent zu führen.

Dr. Jozef **M. N. Hehanussa,** Indonesien, erhält 2013 den Müller-Krüger-Award für seine Dissertation mit dem Titel »Der Molukkenkonflikt von 1999. Zur Rolle der Protestantischen Kirche (GPM) in der Gesellschaft« (Erstgutachter: Prof. Dr. Dieter Becker, Neuendettelsau).

Für seine Masterarbeit zum Thema »Melanchthons Sicht der Türken und des Islam« hat **Dirk Früchtemeyer,** M. Ed. am 13. Juli 2013 in Hameln den Albert-Pellens-Preis (1. Platz) des Evangelischen Bundes, Landesverband Hannover, erhalten (Betreuer: Prof. Dr. Martin Jung, Osnabrück).

Für seine Dissertation »Frieden stiften als Aufgabe der Kirche. Dietrich Bonhoeffers Ekklesiologie und ihre Wirkungsgeschichte in Süd-Korea« wurde Dr. phil. **Sung Ho Kim** am 7. September 2013 mit dem Preis der Internationalen Bonhoeffer-Gesellschaft ausgezeichnet (Erstgutachter: Prof. i. R. Dr. Reinhold Mokrosch, Osnabrück).

Ruth Pfau (84), katholische Ordensfrau und Lepra-Ärztin, wird am 2. Mai 2014 im Aachener Dom mit dem Klaus-Hemmerle-Preis ausgezeichnet. Pfau arbeitet seit den 1960er-Jahren in Pakistan zusammen mit der Deutschen Lepra- und Tuberkulosehilfe und gründete in Karachi das *Marie Adelaide Leprosy Centre*. Die Jury begründete ihre Entscheidung damit, Ruth Pfau sei durch ihr Lebenszeugnis zu einer Brückenbauerin geworden. Der Klaus-Hemmerle-Preis wird von der Fokolar-Bewegung gestiftet.

Altbischof **Joachim Wanke** (72) wurde von der Katholischen Akademie Bayern mit dem Ökumenischen Preis ausgezeichnet. In der Begründung der Entscheidung wird Wankes innere Haltung hervorgehoben, die die Voraussetzung für jeden echten Dialog bilde.

Dr. **Paul J. Isaak,** von 2007 bis 2012 Professor für Missiologie am Ökumenischen Institut Bossey, hat im September 2013 seine neue Aufgabe als Direktor der Wahlkommission in Namibia angetreten.

Neuer Bischof der Lutherischen Kirche in Malaysia ist der Theologe und Ingenieur **Aaron Yap** (45), bisher Pfarrer in Kuala Lumpur. Aaron Yap ist über seine bisherige Gemeindearbeit dem Zentrum Mission EineWelt persönlich verbunden.

Pastor **Axel Matyba** (52), von 2006 bis 2012 EKD-Auslandspfarrer in Kairo, wird neuer Beauftragter der Nordkirche für den christlich-muslimischen Dialog.

Pastorin **Heike Spiegelberg** (57) hat zum 1. September 2013 als Nachfolgerin von Pastor *Volker Schauer* die Leitung des Afrikareferats im Zentrum für Mission und Ökumene der Nordkirche übernommen. Spiegelberg war Seemannspastorin in Hamburg und hatte zuvor rund zehn Jahre in Südafrika gearbeitet.

Neue Promotionen und Habilitationen

Bassols-Rheinfelder, Avelino (Theologische Fakultät Paderborn, 2012, Promotion): »»Mission in der Wüste‹. Kontextuelle Untersuchung zu Missionsverständnis und Missionspraxis in abgelegenen Gebieten Ostafrikas«.

Brand, Klaus (Katholisch-Theologische Fakultät der Westfälischen Wilhelms-Universität, 2012, Promotion): »Wissenschaft und Religion in Mesmerismusdiskursen des 19. Jahrhunderts: ein Beitrag zum Religionsbegriff und zur Entstehung moderner Spiritualität«.

Buchegger, Jürg (Katholisch-Theologische Fakultät der Universität Freiburg/Schweiz, 2012, Promotion): »Johan Bouman. Grammatik einer theologischen Existenz coram Islamo«.

Bupe, Paul Kalola (Katholisch-Theologische Fakultät der Universität Wien, 2012, Promotion): »Unité et pluralité de la christologie. Vers un paradigme mythique en théologie africaine«.

Du, Jingnong (Philosophisch-Theologische Hochschule in Frankfurt am Main, 2011, Promotion): »Suizidalität und Depressivität von Frauen in China – Feldforschung und Entwurf einer interdisziplinär verantworteten Seelsorge«.

Geng, Franz (Katholisch-Theologische Fakultät der Universität Bonn, 2012, Promotion), »Eine kontextuelle Erlösungslehre für das heutige China«.

Gruber, Judith (Theologische Fakultät der Universität Salzburg, 2012, Promotion): »Theologie Interkulturell. Eine fundamentaltheologische Studie nach dem Cultural Turn«.

Kimaro, Zakayo (Theologische Fakultät der Universität Salzburg, 2012, Promotion): »The Essence of the Rising of Religious Intolerance among Muslims and Christians in the Islands of Zanzibar. Its Pastoral Challenges and Curative Approach for the Catholic Church in Zanzibar«.

Kwazu, Fidelis Chineme Bayo (Theologische Fakultät der Julius-Maximilians-Universität Würzburg, 2012, Promotion): »Developing Viable Strategies of Solving the Problems of Poverty and Human Rights: The Case of the Igboland in Nigeria«.

Maier-Revoredo, Winfried Karl Georg (Evangelisch-theologische Fakultät der Universität Erlangen, 2013, Promotion): »Coming Home to Face the Future? African Ancestral Theology and its Possible Contribution to Worldwide Christianity«.

Merten, Dr. Kai (Fachbereich Evangelische Theologie, Philipps-Universität Marburg, 2013, Habilitation): »Untereinander, nicht nebeneinander: Das Zusammenleben religiöser und kultureller Gruppen im Osmanischen Reich des 19. Jahrhunderts«.

Okoh, Michael (Katholisch-Theologische Fakultät der Universität Bonn, 2011, Promotion): »Fostering Christian Faith in Schools and Christian Communities through Igbo Traditional Values«.

Okpanachi, Blaise (Theologische Fakultät der Julius-Maximilians-Universität Würzburg, 2012, Promotion): »Church, Catholicism and Christianity in Nigeria 1884–1950«.

Sinaga, Hulman (Evangelisch-Theologische Fakultät der Universität Münster, Promotion, 2013): »Eigentumsrecht nach den Regelungen der altisraelitischen Rechtssatzsammlungen des Pentateuch und nach der Adat der Toba-Batak Indonesiens«.

Sinn, Simone (Evangelisch-Theologische Fakultät der Universität Münster, Promotion, 2013): »Religiöser Pluralismus im Werden. Religionspolitische Kontroversen und theologische Perspektiven von Christen und Muslimen in Indonesien«.

Siya, Thaddeus (Theologische Fakultät der Universität Salzburg, 2011, Promotion): »The Holy Spirit. Principle of the Mission and Unity of the Church in the Light of Vatican II with Review of Ecumenical Efforts for Visible Unity of Church in Tanzania«.

Souate Bolly, Pierre (Katholisch-Theologische Fakultät der Universität Freiburg/Schweiz, 2011, Promotion): »La femme ›mère-vie‹, agent d´humanisation dans la société et l´Eglise en Afrique. Le cas de la femme Guro de Côte d´Ivoire«.

Walldorf, Dr. Friedemann (Theologische Fakultät der Humboldt-Universität zu Berlin, 2013, Habilitation): »Migration und interreligiöses Zeugnis in Deutschland. Die missionarische Begegnung zwischen Christen und Muslimen von den 1950er- bis zu den 1970-er Jahren als transkultureller Prozess«.

Zhao, Huaqing (Katholisch-Theologische Fakultät der Universität Bonn, 2012, Promotion), »Die Missionsgeschichte Chinas unter besonderer Berücksichtigung der Bedeutung der Laien bei der Missionierungsarbeit (ca. 16.–19. Jh.)«.

Geburtstage

85 Jahre: am 9.12.2013 Verlagsbuchhändler Dr. **Arndt Ruprecht**

75 Jahre: am 5.11.2013 Prof. Dr. **Olaf Schumann,** Religionswissenschaftler und Missionstheologe

75 Jahre: am 19.12.2013 Kirchenrat i. R. **Albrecht Hauser**

75 Jahre: am 21.12.2013 **Leonardo Boff,** brasilianischer Befreiungstheologe

75 Jahre: am 30.12.2013 Prof. Dr. **Jan Jongeneel,** Missionstheologe

Todesnachrichten

Pfarrerin i. R. Dr. **Roswith Gerloff** verstarb am 28.7.2013 kurz vor Vollendung ihres 80. Lebensjahres in ihrer Wohnung in Potsdam. Gerloff hatte das »Centre for Black and White Christian Partnership« in der Frankfurter Partnerstadt Birmingham mit begründet und geleitet, bevor sie von 1985 bis 1993 als Pfarrerin am Ökumenischen Zentrum Christuskirche in Frankfurt am Main arbeitete. Ihr Engagement für interkulturelles Lernen fand auch in ihrer Mitwirkung im »Sozialwissenschaftlichen Studienkreis für Interkulturelles Lernen« Ausdruck, deren zweite Vorsitzende Gerloff bis zu ihrem Tode war.

Prof. Dr. Dr. **Paul Raabe**, früherer Direktor der Franckeschen Stiftungen in Halle, verstarb im Alter von 86 Jahren am 5.7.2013 in Wolfenbüttel. Raabe baute nach seiner Pensionierung 1992 die verfallenen Franckeschen Stiftungen in Halle an der Saale wieder auf, die er von 1992 bis zum Jahr 2000 als Direktor leitete. Dafür ernannte die Stadt Halle ihn im Jahr 2002 zu ihrem Ehrenbürger. Der Gebäudekomplex, der die pietistisch-pädagogische Zweckarchitektur repräsentiert, steht derzeit auf der deutschen Vorschlagsliste für das Weltkulturerbe.

Altbischof **Adalbert Brunke** ist am 25.9.2013 im Alter von 101 Jahren in Kapstadt verstorben. Von 1972 bis 1978 leitete er die Kap-Oranje Diözese der Evangelisch-Lutherischen Kirche Südafrikas. Jahrelang betreute er als Gefängnisseelsorger Nelson Mandela in seiner Haft auf der Gefängnisinsel Robben Island. Brunke, der 1912 in Westpreußen geboren wurde, wurde 1939 durch das Berliner Missionswerk nach Tanzania ausgesandt. Nach Ausbruch des Zweiten Weltkriegs wurde er von den britischen Behörden in Südafrika interniert. Dort begleitete Brunke die südafrikanischen Missionskirchen in die Selbständigkeit.

Sanangke Dole, Bischof des Hagen-Bezirks der Evangelisch-Lutherischen Kirche von Papua-Neuguinea, ist am 13.6.2013 im Alter von 68 Jahren verstorben. Dole war 1983 zum Nachfolger von Bischof Jeremiah Mambu gewählt worden. Er hatte sich für die Überwindung intrafamiliärer Konflikte sowie für die Versöhnung verfeindeter Stämme eingesetzt, die im Jahr 2008 zu blutigen Gewalttaten eskaliert waren.

Jeffrey Gros, franziskanischer Theologe und engagierter Ökumeniker, verstarb am 12.8.2013 im Alter von 75 Jahren. Gros hatte zehn Jahre lang als Direktor der Kommission für Glaube und Kirchenverfassung (*Faith and Order*) des *National Council oft he Churches of Christ* in den USA gearbeitet. Er war auch Mitherausgeber der ÖRK-Reihe *Growth in Agreement*.

Sonstiges

Zum Schutz Vertriebener haben sich Vertreter verschiedener Religionsgemeinschaften verpflichtet. Unter dem Titel: »Fremde gastfreundlich aufnehmen – Selbstverpflichtungen von Religionsführerinnen und Religionsführern« wurde am 29.7.2013 eine Erklärung veröffentlicht, an der auch der ÖRK mitgewirkt hat. Darin verpflichten sich die Unterzeichneten, Fremde, Flüchtlinge, Binnenvertriebene und Staatenlose gastfreundlich aufzunehmen. Grundlage dieser Erklärung bilden Werte, die in allen großen Weltreligionen zu finden sind. Die Erklärung war im Jahr 2012 während einer Konferenz der UNO angeregt worden.

Der neue EKD-Bevollmächtigte bei der Bundesregierung und bei der EU, Martin Dutzmann, bezeichnete angesichts der Flüchtlingskatastrophe vor Lampedusa in einem Interview den Umgang mit Flüchtlingen als eines der großen Themen für die EKD in der kommenden Legislaturperiode. Er forderte, dass Schutzsuchende Zugang zu einem Asylverfahren erhalten.

Die Organisation »Anwältinnen ohne Grenzen« diskutierte auf einer Konferenz vom 12. bis 18. Oktober in Freiburg die Frauenrechtssituation in den nachrevolutionären arabischen Ländern. Die Frauenrechtsorganisation beklagt das in Deutschland vorherrschende Bild von Frauen in arabischen Ländern und weist darauf hin, dass die Auslegung der Scharia abhängig von der Verteilung politischer Kräfte ist. Dennoch kann es für Frauen in den Ländern des »Arabischen Frühlings« und anderen Ländern des Nahen Ostens gefährlich sein, sich für Frauenrechte zu engagieren. Durch die Tagung soll deshalb auch die internationale Vernetzung angeregt und gestärkt werden.

Die Menschenrechtsorganisation *Amnesty International* führt die Gewaltwelle in Ägypten, die Anhänger des abgesetzten Präsidenten Mursi Mitte August gegen koptische Christen in Gang gesetzt hatten, auf fehlenden Schutz dieser Minderheit durch die ägyptische Militärregierung zurück. Die Gewalt sei abzusehen gewesen, nachdem ein Sitzstreik von Muslimbrüdern durch Sicherheitskräfte aufgelöst worden war. Amnesty hält der ägyptischen Regierung vor, keine Vorkehrungen gegen den Gewaltausbruch getroffen zu haben, obwohl es absehbar gewesen sei, dass die Muslimbrüder ihre Wut an den Christen auslassen würden. Die Menschenrechtsorganisation fordert eine unabhängige Untersuchung der Vorfälle um zu verhindern, dass die Christen zu Freiwild würden. Zum Schutz gefährdeter Personen entwickelte *Amnesty International* eine *Notfall-App* für Smartphones. Der Notruf wird über SMS-Netze übertragen und übermittelt gleichzeitig Informationen über den Standort. Diese Anwendung ist das Ergebnis einer Zusammenarbeit von Menschenrechtsaktivisten und Software-Entwicklern.

Im indischen *Bundesstaat Madhya Pradesh* wird eine Gesetzesnovelle vorbereitet, die den Religionswechsel sehr erschwert: Konvertiten und die sie begleitenden Geistlichen sollen demnach den Religionswechsel einen Monat vorher genehmigen lassen; andernfalls droht eine Gefängnisstrafe von mindestens drei Jahren und zusätzlich eine Geldstrafe in Höhe von 50.000 Rupien (ca. 616 Euro). Bei Frauen und Kindern erhöhen sich die Strafen auf vier Jahre Haft und 100.000 Rupien (ca. 1.232 Euro). Das Gesetz, das derzeit noch nicht in Kraft getreten ist, wird von christlichen und muslimischen Dachverbänden verurteilt.

Sein zehnjähriges Bestehen feierte am 9. Oktober in Dortmund das *Amt für Mission, Ökumene und Weltverantwortung der Westfälischen Kirche.* Es wurde 2003 gegründet und berät die Westfälische Landeskirche und ihre Gemeinden in Fragen von Mission, Ökumene und kirchlicher Entwicklungsarbeit.

Das *American Jewish Committee* hat die Resolution zur Beschneidung von Jungen, die die Parlamentarische Versammlung des Europarats verabschiedet hat, scharf kritisiert. In der Resolution wird neben der Genitalverstümmelung an Mädchen auch die Beschneidung an Jungen als besorgniserregende Verletzung des Rechts auf körperliche Unversehrtheit gewertet. Deidre Berger, Direktorin des Berliner Büros der Organisation, beanstandet, die Resolution bediene Ressentiments gegen Juden. Demgegenüber stellte sie das Gesetz des Deutschen Bundestages, der im Dezember 2012 die rituelle Beschneidung jüdischer und muslimischer Jungen durch eine Änderung des Sorgerechts möglich machte, als vorbildlich auch für andere Länder hin und ermutigte deutsche Parlamentarier, dies in die europäische Debatte einzubringen.

Seit Sommer 2013 gibt es einen Eintrag zu unserer Zeitschrift *Interkulturelle Theologie - Zeitschrift für Missionswissenschaft* bei Wikipedia.

Termine

Der *18. Dezember* wird weltweit als Tag der MigrantInnen begangen.

Der *26. Dezember* wird weltweit als Tag für verfolgte Christen begangen.

Vom *1. bis 4. April 2014* findet am Institut für Missionswissenschaft und außereuropäische Theologien der Westfälischen Wilhelms-Universität Münster eine Studienwoche Außereuropäischer Theologien statt, die sich der latino-hispanischen Theologie und der interkulturellen Tradierung des Glaubens widmet. Gast ist Prof. Orlando Espin von der *University of San Diego.*

(Zusammengestellt am Lehrstuhl für Missionstheologie und Religionswissenschaft der Augustana-Hochschule von Dr. Verena Grüter, Waldstraße 11, D-91564 Neuendettelsau. Bitte senden Sie Informationen und Hinweise an petra-anna-goetz@augustana.de bzw. Fax: 09874/509–555.)

Christian Führer
frech – fromm – frei
Worte, die Geschichte schrieben

248 Seiten | 12 x 19 cm | Paperback
ISBN 978-3-374-03743-8
EUR 14,80 [D]

Die Friedliche Revolution begann in der Kirche. Der Herbst 1989 ist untrennbar mit den Friedensgebeten in der Nikolaikirche verbunden. Gefühle des Hoffens und Bangens sind es, die Christen wie Nicht-Christen vor 25 Jahren in wachsenden Mengen in das Gotteshaus zogen. Für Christian Führer ist das gewaltlose Gelingen der Friedlichen Revolution die unzweifelhafte Erfüllung der Bergpredigt Jesu, der 9. Oktober ein Wunder biblischen Ausmaßes.

Doch auch nach 1990 hält Führer sich nie mit Kritik am System zurück, scheut sich nicht, Einsatz zu zeigen – mit dem steten Hinweis auf Gott. Seine Predigten, Reden, Ansprachen und Interviews zeichnen sich durch Leidenschaft und Kampfeswillen aus, durch Einsatz für die Schwachen und Unterdrückten. Der Kampf gegen rechte Ideologien und rücksichtslosen Kapitalismus bleibt für ihn erste Christenpflicht. So finden auch die Friedensgebete neue Anlässe. Nicht zuletzt enthält diese Textsammlung Sonntagspredigten, die besonders die mitreißende wie alltagstaugliche Glaubensstärke des Nikolaipfarrers zeigen.

EVANGELISCHE VERLAGSANSTALT
Leipzig www.eva-leipzig.de

Tel +49 (0) 341/ 7 11 41 -16   vertrieb@eva-leipzig.de